武陵春里浣溪沙，小重山上望海潮，声声慢中诉衷情，一剪梅寄长相思。徜徉在平平仄仄的世界里，感悟着悲悲喜喜的人生味。无论爱过、恨过，成功、失败，希望、绝望，请撷几枚词牌，载自己的心声，放飞于青山绿水间，伴随你山一程，水一程。

腹有诗书气自华，笔洒豪情动地天。心中若有桃花源，何处不是水云间？

——倪荣桂　任　兰

词律要览与词牌例释

中学生填词入门

倪荣桂　任兰◎编著

吉林人民出版社

图书在版编目（CIP）数据

词律要览与词牌例释：中学生填词入门 / 倪荣桂，任兰编著. — 长春：吉林人民出版社，2019.11
ISBN 978-7-206-16551-1

Ⅰ. ①词… Ⅱ. ①倪… ②任… Ⅲ. ①诗词—创作方法—中学—教材 Ⅳ. ①G634.301

中国版本图书馆CIP数据核字（2019）第268700号

词律要览与词牌例释——中学生填词入门

CILÜ YAOLAN YU CIPAI LISHI ZHONGXUESHENG TIANCI RUMEN

编　　著：倪荣桂　任　兰　　封面设计：姜　龙
责任编辑：李沫薇
助理编辑：王璐瑶
吉林人民出版社出版发行（长春市人民大街7548 号　　邮政编码：130022）
印　　刷：北京虎彩文化传播有限公司
开　　本：787mm × 1092mm　1/16
印　　张：13.25　　字　　数：239千字
标准书号：ISBN 978-7-206-16551-1
版　　次：2022年6月第1版　　印　　次：2022年6月第1次印刷
定　　价：45.00元

前言

FOREWORD

怒发冲冠，凭栏处、潇潇雨歇。抬望眼、仰天长啸，壮怀激烈。三十功名尘与土，八千里路云和月。莫等闲、白了少年头，空悲切。

靖康耻，犹未雪。臣子恨，何时灭。驾长车踏破，贺兰山缺。壮志饥餐胡虏肉，笑谈渴饮匈奴血。待从头、收拾旧山河，朝天阙。

一曲《满江红》气壮山河，惊天地，泣鬼神，唱者悲愤激越，和者热血沸腾，传诵千古而不衰，激励了无数仁人志士舍生取义，精忠报国。

朝云横度，辘辘车声如水去。白草黄沙，月照孤村三两家。
飞鸿过也，百结愁肠无昼夜。渐近燕山，回首乡关归路难。

淮山隐隐，千里云峰千里恨。淮水悠悠，万顷烟波万顷愁。
山长水远，遮断行人东望眼。恨旧愁新，有泪无言对晚春。

以上两首《减字木兰花》分别出自两位时逾百年却命运同悲的女子之手，她们书写了亡国丧家，被掳北行的深哀剧痛，如泣如诉，感人至深。此两词上片写被掳途中的情形，下片写回首乡关的悲痛心情，全词情景交融，凄楚哀婉，字字血泪，句句生悲。所谓国难有烈女，离乱多悲歌。离乱中的女词人，犹自惦念着故乡家国，谁还来为她们唱一曲挽歌?

苏东坡说："才知源海文始为，腹有诗书气自华。"诗词是中华文化中的一颗璀璨的明珠，一块绚丽的瑰宝，历经几千年岁月淘洗，流传下来大量脍炙人口的经典名作。古诗词不仅是语言艺术的精髓，而且深藏着我们中华民族的精神和品格。当代中学生，生活在西方文化不断强力渗透的信息时代，仍有诵读古代经典、学习传统文化的必要。挖掘经典著作的内涵，不仅有利于发展语言，提高智力，培养文字鉴赏能力和审美能力，而且更重要的是培养人文素养，陶冶情操，从传统文化活力中得到力量。因此，应在中学阶段诵背大量古诗词，从中汲取营养，陶冶一颗诗心、一双慧眼和一支妙笔，让经典的智慧伴随我们一生。

古人云：诗以言志，词以达怀。中国是诗的国度，词从某种意义上说是诗的一种重要表现形式，它长短有度，豪婉有致，易于传情，长于抒怀，因而为广大中学生所喜闻乐见，更有不少学生在诵背之余，暗自临摹，以期抒怀言志。

江山代有才人出，各领风骚数百年。隋唐以来，天地精华成就了一代又一代词人，时至今日，豪情满怀的学子们必能吟啸出更美的词作。但大家限于古典文学功底不深，尤其是对词的格律了解不多，所以有些作品形似而神非，殊为遗憾。我们不揣浅薄，编就这本小册子，以期能让广大学子们快速入门，努力创作精品，可谓“桐花万里丹山路，雏凤清于老凤声”。

目录 CONTENTS

上篇　词律要览

下篇　词牌例释

上篇

词律要览

第一节 词及其特点

一、诗歌

一般意义上认为，文学体裁有四种，即诗歌、散文、小说、戏剧。

中国是诗的国度。数千年来，历代文人骚客凭借着这一富有韵味、含蓄凝练的文学体裁尽情表达思想感情，创作了大量脍炙人口的作品，集聚成了中华民族宝贵的精神财富。

中国古代的诗歌是一种和乐而歌的协乐文学。我国古代劳动人民在长期生产生活实践中为记载劳动场景、抒发感情、表达愿望、缓解压力、丰富生活，同时也为了满足宗教活动的需要，以富有韵味、易于传唱的诗歌形式予以表达。从语言学的角度分析，诗歌因其富有旋律、节奏明快、婉转优美、朗朗上口的特点而易于传播，便于流传。民间是诗歌发展的原动力。古代劳动人民从事生产实践活动，内容题材丰富，又由于受教育机会少，反而不拘泥于僵化的格律，富有创新性。

古典诗歌，按其起源、体式、语言、结构等的不同，大致可以划分为诗、词、曲三大类，在不同历史阶段各领风骚，但它们的发展历程都有如下的共同的规律：

由俗而雅。劳动人民创作的诗歌使用的都是人民大众的口语，多俚俗谐谑，往往被上层士大夫视为不雅。一些文人骚客受民间文艺的启发，却又追求典雅纯正、清新俊逸，将该种文体发扬光大，推向鼎盛。

由随而工。源自民间的诗歌最初少受拘束，形式灵活，但随着越来越多的士人参与其中，逐步讲求格律、平仄、句式，建章立制，臻于极致。但往往也因此导致了此文体的衰弱。

由歌而诵。诗（含词、曲）歌原为一体，诗可用文字记载，歌则凭口耳相传，由于载体的这种差别，往往形成了前者得以顺利传承而后者却难以为继的局面，另外有些士人不善歌唱，但能写诗，因此诗和歌存在着分异。音乐特别是娱乐性的音乐是在不断变化的，旧的音乐消亡、转变以后，原来

的歌辞就成为纯粹的文字作品，而有新的音乐和新的歌辞来取而代之。譬如《诗经》到汉代就只有少数还能唱，而汉乐府到了六朝，同样多数是不能唱的了，六朝人以及唐人所写的古题乐府诗，都只用于诵读，而不是歌辞。诗逐步脱离歌而独立存在，并专诸“格律”、以供吟诵了。

二、词

词是一种诗歌艺术形式，是我国文学中特有的一种富有民族特点和民族风格的文学体裁，是一种合乐可歌、句式长短不齐的韵文。这种体裁在形式上“调有定格，句有定数，字有定声”，须倚谱填词，因此写词一般不称为“作词”而说“填词”或“倚声”。另外，每首词一般都有一个固定的曲调名称，以相互区别，这种以示区分的曲调名称人们就叫它为“词牌”。每个词牌代表着不同的曲调，不同曲调的词在句数、字数、平仄、用韵等方面的要求也不一样，就有了各自的体式要求。

广义来说，词本属诗之一体，然而逐渐与传统诗歌分庭抗礼，经宋代无数词人于此倾注深情，寄托豪兴，驰骋才华，精心琢磨，创作出大量晶莹、灿烂、温润、磊落，反映时代精神风貌而且具有不同于传统诗歌艺术魅力的瑰宝，遂与唐诗双峰并峙，各有千秋。

近代学者王国维在《人间词话》中说：“词之为体，要眇宜修，能言诗之所不能言，而不能尽言诗之所能方。诗之境阔，词之言长。”这里比较诗词体制的短长，也是对唐宋之诗与词进行比较，抓住关键，颇具特识。

词比诗自由活泼。它句式长短错落，奇偶相间，轻灵曼妙，注重情韵，展现了中国文化的阴柔之美，发挥了中国文字的音乐潜能，展示了传统抒情的魅力，所以古人有“诗言志，词抒情”的说法。

由于诗词中的词大部分是律化了的长短句，因此我们把诗词中的词也叫“律词”，以与歌词中的“词”相区别。

三、词的特点

词是一种配合音乐可以歌唱的韵文，“由乐以定词，依曲以定体”，它严格的格律和在形式上的种种特点，都是由音乐的要求而规定的。表现如下：

1. 每首词都有一个调名。如《菩萨蛮》《水调歌头》《沁园春》等，称为词调（即词牌）。词调依曲为名，表明这首词写作时所依据的曲调乐谱。各个词调都是“调有定句，句有定字，字有定声”，并且各不相同。

2. 一首词大都分为数片。每片为一段，以分上下两片为多。

3. 押韵的位置有别。各个词调都有它一定的格式。诗基本上是偶句押韵的，词的韵位则是依据曲度即音乐上的停顿决定的。每个词调的音乐节奏不同，韵位也就不同。

4. 句式长短不一。词大量地使用长短句，这是为了更能切合乐调的曲度。诗虽然也有长短句，但以五言、七言为基本句式，大体上是整齐的，近体诗还不允许有长短句。

5. 字声配合严整。词的字声组织基本上和近体诗近似，但变化很多，有些词调还须分辨四声和阴阳。作词要审音用字，以文字的声调来配合乐谱的声调，以求音律和谐。

王国维对词的特点有独到的评说，“词之为体，要眇宜修”，意即词体要工于润色修饰。又比较了词与诗表现内容的差异，认为“诗之境阔，词之境长”。一般认为“诗言志，词达情”。

第二节　词的源流

词的演化发展轨迹，就总体而言，已有先贤做了概括：“勾萌于隋，发育于唐，敷舒于五代，茂盛于北宋，煊灿于南宋，剪伐于金，散漫于元，摇落于明，灌溉于清初，收获于乾嘉之际。”（刘毓盘《词史》）沙少海认为：“词，滥觞于隋唐，孳衍于五季，极盛于赵宋，是一种配合音乐，可以歌唱之乐府诗。词，上承于诗，下沿为曲。源同而流异，界域厘然，不能混淆。”以下试详述之。

一、源头

诗和词源同而流异。

古代诗歌这种和乐而歌的协乐文学，从句式上看，有句式相等的齐言，也有句式不等的长短句。齐言者即为诗，而长短句则是词的前身（亦称杂言诗）。

由于古人不善于断句，齐言以其工整美、节律美，更易为人们所接受。

因此齐言形式的诗歌占了主导地位，掌握了文字工具的士阶层一方面记载了大量诗歌的内容，另一方面又自创了许多旨在脱离民间的“俗”文化，而合乎礼仪的“雅”言，这些就构成了诗。在《诗经》中两者均得以体现，前者如《国风》，后者如《大雅》《小雅》。狭义的诗成为主流文学形式。此后千余年间，诗的句式由四言进化为五言、七言，诗的音乐元素逐渐被剥离。到了李唐一代，格律诗达到鼎盛。

相形之下，合乐而歌，句式长短不一的文体（尚不能称之为词，可视为词的前身）则长期蛰伏，难登大雅。

关于词的源头，各家学说莫衷一是。其实，词本身就包含多种源头的特点，词的源头并不唯一，而是诸多因素叠加催生的。是时代、环境、种族与文体本身等诸多因素共同作用的结果。这从词的五花八门的别称可见端倪。

1. 渊薮上古，一脉相承

人类自发声言语之时起，便开始了质朴而直率的歌唱，其歌唱既是歌辞也是诗，而且与舞蹈融为一体。从这方面讲，词的起源也就是歌辞的起源，也就是艺术的起源。这些诗歌，无论是《诗经》还是《汉乐府》，均含有长短句式，均是配乐而歌（周之颂三十一篇，长短句居十八，汉郊祭歌十九篇，篇篇皆长短句），具备了词的雏形，与民间的吴歌、西曲等“里巷之音”遥相呼应，一脉相承，为词的产生奠定了浑厚的基础。

2. 民间源起，推陈出新

词最在产生于民间。大量无名氏之作保留了词的原始面貌，其题材广泛，写战争、恢复失地、爱国情操、农民起义、男女爱情、商人落魄等，带着民歌的质朴气息，写景抒情直抒胸臆，用典较少，清新活泼。隋唐之际，民间俗乐盛行，当时的都市里有很多以演唱为生的优伶乐师，根据唱词和音乐节拍配合的需要，创作或改编出一些参差的长短句曲词，这便是最早的词了，其流行状况有如今天的通俗歌曲。后经文人模仿创作，逐渐变成了一种新体诗。

3. 音乐发展，倚声填词

诗是合乐而歌的，谓为“诗歌”。诗歌必须适应音乐曲调的要求。如《诗经》中的诗，是配雅乐的歌词汉魏乐府诗是配清乐的歌词，而词却是配燕乐的歌词。据《旧唐书》记载：“自开元（唐玄宗李隆基年号）以来，歌者杂用胡夷里巷之曲。”“里巷之曲”指包括《诗经》《乐府》和“吴歌”“西曲”民歌的本土音乐，“胡夷之曲”指西域音乐。唐代原产于西域的“胡乐”尤其是龟兹乐大量传入中土，与汉族原有的以清商乐为主的各种音乐相融合，产生了一种新的音乐——燕乐。这种新乐章节抑扬顿挫，变化多端，歌词的句式也随之长短错落，奇偶相间，具有特殊表现力。唐代的燕乐歌辞本来与从前的乐府歌辞并没有什么太大的区别，但创作方式却发生了变化，即先由音乐家创作乐曲，然后由文人根据乐曲的节奏和旋律制作歌词，填词时依乐章结构分片，依曲拍为句，依乐声高下用字，其文字形成一种句子长短不齐而有定格的形式，因它是以音乐为准度的，故称“倚声填词”或“以词从乐”。到了中唐以后，众多文人采用这种制辞方式进行创作，这种新体歌辞逐渐成为中国文学中一种重要的体裁，就是后来通常所称的“词”。

4. 诗体变异，长短有度

古人认为“诗词同工而异曲，共源而分派”，区别只在句式长短不同。长期以来，齐言诗居主流地位，人们据诗谱曲进行演唱，如著名的“旗亭赌唱”可见一斑。但为尽显声音之美妙，演唱时于诗中添了许多泛声以补诗句之不足，后人怕失了这些泛声，逐一添上实字，遂成长短句。由此可见，律诗是词的另一个重要来源，有人因之称词为诗余。中唐以后的一些文人干脆直接创作这种句式长短不一的诗体，如白居易、刘禹锡等尝试作词，刘禹锡就在其《忆江南》二首题下注明“和乐天春词，依《忆江南》曲拍为句”。

二、发展

中唐一些诗人在学习民间词的基础上，开始了词的创作，出现了较多的文人词。著名词人有张志和、张九龄、韦应物、戴叔伦、白居易和刘禹锡等。白居易是中唐作词较多的诗人，他的《忆江南》抒发了对江南美好的湖光山色的热爱之情。

晚唐时词已与诗并驾齐驱，依声填词的风气已经形成，词作者众多，词集问世，已用词调比过去增多，柔靡绮丽之风逐渐成为词的主要特色。著名词人有温庭筠、皇甫松、司空图、李晔（唐昭宗，开南唐词风）等人。

五代十国时期战火频仍，政局混乱。但西蜀与南唐两个偏安一隅的政权却维持着安定的局面，城市繁荣，生活安定，再加上统治者享乐之需和对词的偏好与提倡，故而在西蜀和南唐各自聚集了一大批文人，形成了词史上两个著名的词坛——西蜀和南唐词坛。其中西蜀词坛以《花间集》为代表，《花间集》是最早的一部词选集，共收集了由18个词人写的500首词，从此在中国文学史上词独立成为一体，与诗并行发展；南唐词坛以李璟父子、冯延巳为代表，南唐李后主被俘虏之后的词作则开拓了一个新的深沉的艺术境界，给后世词客以强烈的感染。王国维认为“词至李后主而眼界始大，感慨遂深，遂变伶工之词而为士大夫之词”。李煜在政治上是亡国之君，在词坛则无愧为开创一代风气的魁首。

三、鼎盛

有宋一代，词坛名家辈出，词风大张大阖，词学登峰造极，词作异彩纷呈，词发展到了极盛。宋词是中国古代文学皇冠上光辉夺目的巨钻，历来与唐诗并称双绝，都代表一代文学之胜。

诗的发展自唐代臻于极致后，内容愈来愈庄重，格律愈来愈严谨，诗中说理、博学的成分越积越重，文学之士不能自抑的千般深情、万种闲愁便习惯倾吐于“诗余”“小道”，造就了宋代词的勃兴与极盛。

1. 北宋初年——开泰启新，列岳峥嵘

晏殊和欧阳修都身居高位，位极人臣，欧阳修更是文坛领袖人物。他们的词也都是才气纵横，把市井坊间的“靡靡之音”演绎成性情率真，使“词是小道”，难登大雅而趋向正道，赋以合理地位，“士大夫之词”的格调成熟了。此后名家辈出，群星灿烂。

晏殊（991—1055），字同叔，抚州临川人，官至同平章事兼枢密使。一生富贵优游，所作多为歌酒风月、闲情别绪，而笔调闲婉，理致深蕴，音律谐适，词语雅丽。

欧阳修（1007—1072），号醉翁，晚号六一居士，庐陵（今江西吉安）人，他的词主要写恋情游宴、伤春怨别，风格深婉而清丽。

晏几道乃晏殊之子，以贵介公子而沉沦下位，落拓不羁，其词“清壮顿挫”，气象高华而感情深沉，更胜乃父，“从别后，忆相逢，几回魂梦与君同”（晏几道《鹧鸪天》）写当日的相亲相爱、别后的相思相忆，凄婉哀怨而又妩媚风流，轻柔自然。

2. 北宋中期到末期——词风大变，流派纷呈

北宋中后期，通过柳永和苏轼等在创作上的重大突破，词在形式上和内容上得到了巨大的发展。正如清代纪昀在《四库全书总目提要》中所言：“词自晚唐、五代以来，以清切婉丽为宗。至柳永而一变，如诗家之有白居易；至苏轼而又一变，如诗家之有韩愈，遂开南宋辛弃疾一派。”对词风变

革影响比较大的代表人物有：柳永创制长调，苏东坡开境，周邦彦融合，李清照“别是一家”。

白衣卿相柳永一生落魄，常与伶人乐工交往，因得吸收民间新声的优长，把它发展成局面开张、音节美听的慢词（长调），真正开启宋词的新天地。所著《乐章集》长于铺叙，不避俚俗，成功地描写都市的繁华和羁旅行役的情思。“凡有井水饮处，即能歌柳词”，说明影响之巨大。

苏轼大力提倡写壮词，欲与柳永、曹元宠分庭抗礼，一别婉约清丽之风，大兴豪放激昂之气，开拓了词的境界，创作视野较为广阔，“无意不可入，无事不可言”（刘熙载《艺概》），气象恢宏雄放，喜用诗文的手法、句法和字法写词，语词宏博，用事较多，不拘守音律。南宋词论家王灼说苏轼作词“指出向上一路，新天下耳目，弄笔者始知自振”。

苏门弟子及追随者秦观、黄庭坚、贺铸等都能各自开辟蹊径，卓然成家，在词坛呈现万紫千红的繁荣景象。尤其秦观的词深婉而疏荡，与周邦彦的富艳精工、李清照的清新跌宕如天际三峰，各超婉约词之顶巅。前代论者或谓周邦彦是词艺的“集大成”者。周邦彦与柳永并称“周柳”，主要是指他们在词中的情意缠绵；与南宋姜夔并称“周姜”，则主要指他们对音律的精审，故也有称周姜为格律派的。

李清照生活在南北宋过渡时期，建炎南渡以后词风由明丽而变为凄清，主要抒发了伤时念旧和怀乡悼亡的情感。形式上善用白描手法，自辟途径，语言清丽。论词强调协律，崇尚典雅、情致，提出词“婉媚”“别是一家”的审美理想。沈谦谓“男中李后主，女中李易安”（见《填词杂说》），以与李煜相提并论，确也当之无愧。

3. 南宋前期——慷慨愤世，壮怀高唱

建炎南渡以后，由于时代巨变，悲壮慷慨的高亢之调，应运发展，蔚然成风。辛弃疾更成为创作豪放词的一代巨擘和领袖，他一生有词600多首，其中有抒写抗金和恢复中原的宏愿、壮志被抑的悲愤、对苟安投降派的批判，也有对自然风景、田园风光的赞美，深挚情意的低诉，风格以雄深雅健、激昂慷慨为主，也有潇洒超逸、清丽妩媚的。辛弃疾在宋词人中创作最为丰富，历来与北宋苏轼并称“苏辛”，也各有特色。

除辛弃疾外，还有李纲、陈与义、叶梦得、朱敦儒、张元干、张孝祥、陆游、岳飞、陈亮、刘过等一大批杰出的词人，如连峰叠嶂，峥嵘绵亘，他们相激相慰，以爱国恢复的壮词宏声组成雄阔的阵容，统治了整个词坛。

4. 晚宋时期——感喟哀时，伤感低吟

南宋后期，国事衰微，恢复无望，悲灰之气渐趋浓郁，哀感之音弥漫词坛。或作浅吟低唱，或作挽歌悲声。

文天祥的《酹江月·乾坤能大》声情悲壮，如天外风吼；刘辰翁所作多痛悼故国，如林表鹃啼；“宋末四大家”的蒋捷、周密隐居不仕，亡国悲词如山中鹤唳，王沂孙、张炎虽苟全性命于新朝，却常抒故国之思兴亡之感，王如“落叶哀蝉”，张似“失群孤雁”。

随着宋王朝的覆没，宋词也逐渐势微，唯留袅袅余音，飘荡在历史的时空。

四、绵延

元代，一种新的文学体裁元曲又挟着浓重的里俗韵味异军突起，词坛逐渐寂寥。明清时期，诗词重获新生，赋诗填词成为文人士子的雅趣，这期间不乏像纳兰性德这样的词坛巨擘，但词更有一种明显的大众化倾向，回归到寻常百姓家，词作数量剧增，甚至有很多出自女性之手的闺阁诗词，如晚清时期的江西德化薄命才女范淑词作以其清新脱俗备受敬怜。为了迎合人们填词的需求，明清时期的词学家们对唐宋词调的声韵规则进行整理，搜罗宏富，体制赅备，制订词谱，便于人们学习填写，如清代王奕清等人编纂的《钦定词谱》、万树编著的《词律》、舒梦兰编著的《白香词谱》等，其中康熙五十四年（1715）王奕清等奉朝廷之命修纂的《词谱》40卷是集大成之著，成为我们现在按谱填词的标准。

在词的发展过程中，填词的方式也发生了变化。起先，那些精通音乐的词人如白居易、刘禹锡、温庭筠、李煜、韦庄、柳永等均是倚声填词，而且还对流行的乐曲加以改制，或自己作曲——即自度曲；后来一些不谙音乐的文人也喜好歌词创作，他们不能倚声填词，便以著名词人的作品为范本，模拟其声韵格律，温庭筠14首《菩萨蛮》是范本；至南宋后，宫调失传，文人遂取前辈词作，一一参照，订出平仄，是为词谱，依谱填词。词曲唱法虽早已失传，但诵读之间，仍可从字里行间感受到音乐节奏之美，或缠绵婉转，或娴雅幽远，或慷慨激昂，或沉郁顿挫，令人回肠荡气，别有一种感染力量。

第三节　词的流派

肇基隋唐，经五代承拓，历两宋三百年的演绎，开拓词风，创制新调，恢张词体，词的境界豁然开朗，形成了风格不同、内容迥异的流派。

一、西蜀词派与南唐词派

词主香艳是其一大特色，但其前期香风浓郁，艳情毕张，更显突出。

温庭筠（812—870），字飞卿，山西太原人，代表作有《望江南·梳洗罢》《菩萨蛮·玉楼明月》等，中国文学史上第一个致力填词的人，被后人誉为第一个大词人、“花间派”鼻祖。词为艳科之始，经他笔耕，奠定了“词主艳情，香而软媚”的传统格局。

更漏子　［唐］温庭筠

玉炉香，红蜡泪，偏照画堂秋思。眉翠薄，鬓云残，夜长衾枕寒。
梧桐树，三更雨，不道离情正苦。一叶叶，一声声，空阶滴到明。

望江南　［唐］温庭筠

梳洗罢，独倚望江楼，过尽千帆皆不是，斜晖脉脉水悠悠。肠断白蘋洲。

五代十国时的词花开两枝。其一为西蜀词派，亦称花间词派，词风艳丽浮靡，香软浓艳，细腻绵密，委婉含蓄，善于写景状物，常用比兴、象征、暗示、烘托，题材狭窄，多男女恋情和歌舞宴乐。代表人物是韦庄（836—910），字端已，长安杜陵（今西安市东南）人，唐诗人韦应物的四世孙，代表作为《思帝乡·春日游》《菩萨蛮·洛阳城里》等。其二为南唐词派，词风柔靡绮丽而至凄清。代表人物是南唐后主李煜（937—978），字重光，初名从嘉，号钟隐，“作个才人真绝代，可怜薄命作君王”。前期词诗酒风流，多描述女子鲜活生动的心理、性情和行为，后期词则写亡国亡家的惨痛忧伤，“满腔恨血，喷薄而出”。代表作《渔歌子·浪花》《虞美人·感旧》《浪淘沙·怀旧》等。

渔歌子 ［南唐］李煜

浪花有意千里雪，桃花无言一队春。一壶酒，一竿身，快活如侬有几人。

渔歌子 ［南唐］李煜

一棹春风一叶舟，一纶茧缕一轻钩。花满渚，酒满瓯，万顷波中得自由。

虞美人 ［南唐］李煜

春花秋月何时了，往事知多少？小楼昨夜又东风，故国不堪回首月明中。

雕栏玉砌应犹在，只是朱颜改。问君能有几多愁？恰似一江春水向东流。

浪淘沙 ［南唐］李煜

帘外雨潺潺，春意阑珊，罗衾不耐五更寒。梦里不知身是客，一晌贪欢。

独自莫凭栏，无限江山，别时容易见时难。流水落花春去也，天上人间。

二、婉约词与豪放词

1. 婉约词

词渐北宋，一些词人如晏殊、欧阳修等继承了艳词“风花雪月、花前月下”的词风，兼有委婉含蓄、精致纤微的特点，是为婉约词。

婉约派词内容侧重于花前月下、伤春悲秋、儿女风情、离情别绪，具有一种柔婉之美。感情婉转缠绵，或写离愁别绪，或抒深沉幽怨，情调或轻松活泼，或婉约细腻，结构深细缜密，重视音律谐婉，语言清丽含蓄。像柳永的“今宵酒醒何处？杨柳岸，晓风残月”、晏殊的“无可奈何花落去，似曾相识燕归来”、晏几道的“舞低杨柳楼心月，歌尽桃花扇底风”等名句，不愧是情景交融、艺术上乘的抒情杰作。由于长期以来词多趋于婉转柔美，人们便形成了以婉约为正宗的观念。

蝶恋花 ［宋］欧阳修

庭院深深深几许，杨柳堆烟，帘幕无重数。玉勒雕鞍游冶处，楼高不见章台路。

雨横风狂三月暮，门掩黄昏，无计留春住。泪眼问花花不语，乱红飞过秋千去。

婉约派的代表人物有晏殊、欧阳修、周邦彦、柳永、秦观、李清照等，代表作品有柳永的《雨霖铃》和姜夔的《扬州慢》等。

柳永（984—1053），字耆卿，初名三变，福建崇安人，风流俊迈，早著才名，但仕途坎坷，景祐元年（1034）始中进士，官至屯田员外郎。他是大量作慢词的第一个词人，在词的发展上有重大贡献，以写羁旅行役、离情别绪最为出色，感情纯真、大胆，善于用铺叙和白描手法，又善于向民间曲子词学习，促进了词的通俗化、口语化。代表作为《雨霖铃·秋别》。

秦观（1049—1100），字太虚，后改字少游，别号邗沟居士，学者称淮海先生，江苏高邮人。与黄庭坚、晁补之、张耒并称“苏门四学士”。他的词远绍西蜀南唐，近受柳永影响，词风俊逸精妙，情韵兼胜，是“出色当行”的婉约派主要词人，有《淮海居士长短句》三卷，代表作为《鹊桥仙·纤云弄巧》《满庭芳·山抹微云》等。

李清照（1084—1151），号易安居士，济南章丘邑人，横跨两宋的婉约派集大成者。易安词，令慢均工，擅长白描，善用口语，能炼字、炼句、炼意、炼格，形成“易安体”，是婉约词派的重要代表。前期以闺情为主，词风清丽俊逸；后期忧患人生，怆凉抑郁，沉哀入骨，词情变而凄黯，多寓故国黍离之悲，给南宋辛弃疾、陆游、刘辰翁诸爱国词人以深刻的影响。现在流传的《漱玉词》乃后人所辑。代表作有《声声慢·秋情》《一剪梅·红藕香残》《如梦令·绿肥红瘦》《醉花阴·重九》等。

醉花阴 ［宋］李清照

薄雾浓云愁永昼，瑞脑消金兽。佳节又重阳，玉枕纱橱，半夜凉初透。

东篱把酒黄昏后，有暗香盈袖。莫道不消魂，帘卷西风，人比黄花瘦。

2. 豪放词

婉约词风长期支配词坛，直到南宋，姜夔、吴文英、张炎等大批词家均受其影响，被称为“词之正宗”。范仲淹写《渔家傲·塞下秋来风景异》，发豪放词之先声，苏轼则正式高举起豪放旗帜，将词从娱宾遣兴的天地里解放出来，发展成独立的抒情艺术，屹然别立一宗，震烁宋代词坛，使豪放词成为与婉约词并蒂的另一大流派。

豪放派词作的特点是题材广阔。山川胜迹、农舍风光、优游放怀、军国大事、报国壮志，都成为词的题材，使词从花前月下走向了广阔的社会生活，能像诗文一样地反映生活，所谓“无言不可入，无事不可入”。它境界宏大，气势恢宏，不拘格律，汪洋恣意，崇尚直率，而不以主含蓄婉曲为能事。气势磅礴豪放，意境雄浑阔远，情感慷慨悲壮，词中充满豪情壮志，给人以积极向上的力量。

豪放派代表人物有苏轼、辛弃疾、陆游、岳飞等，代表作品有苏轼《念奴娇·赤壁怀古》、辛弃疾《永遇乐·京口北固亭怀古》等。

苏轼（1037—1101），字子瞻，一字和仲，号东坡居士，眉州眉山（今属四川）人。苏轼22岁中进士，吏才、文才超群，但宦途不顺。他是一个诗、词、文、书皆为大家的全才，著述颇丰，《东坡乐府》存词350余首，被誉为豪放派鼻祖。其豪放派开山词作《念奴娇·赤壁怀古》堪称千古绝唱，《江城子·密州出猎》亦颇有豪放气韵。苏东坡有意识地在当时盛行柔婉之风的词坛别开生面，这是他的性格使然，在宦海沉浮中，他落拓不羁，不拘一格，崇尚自由，豪气横生，霹雳之声，喷薄而出。词论家对苏词做出了“横放杰出”“词气迈往”“书挟海上风涛之气”之评。

念奴娇·赤壁怀古

大江东去，浪淘尽，千古风流人物。故垒西边，人道是，三国周郎赤壁。乱石穿空，惊涛拍岸，卷起千堆雪。江山如画，一时多少豪杰。

遥想公瑾当年，小乔初嫁了，雄姿英发。羽扇纶巾，谈笑间，樯橹灰飞烟灭。故国神游，多情应笑我，早生华发。人间如梦，一尊还酹江月。

辛弃疾（1140—1207），字幼安，号稼轩，山东济南人，南宋爱国词人，抗金名将。辛词多写抗金报国的热情以及壮志难酬的悲慨，他继承了苏轼的豪放词风，形成了雄浑奔放、挥洒自如的创作风格，对后世影响很大。著有《稼轩长短句》，存词600多首，在宋代词人中数量最多，且代表了南宋爱国词的最高成就。代表作有《永遇乐·京口北固亭怀古》等。

豪放词派广泛地沾溉词林后学，从宋、金直到清代，历来都有标举豪放旗帜，大力学习苏、辛的词人。

关于婉约词和豪放词曾有以下一段形象表述：

东坡在玉堂（官署名）日，有幕士善歌，（苏轼）因问："我词何如柳七（柳永）？"对曰："柳郎中（柳永）词，只合十七八女郎，执红牙板，歌'杨柳岸晓风残月'；学士（苏轼）词须关西大汉，铜琵琶，铁绰板，唱'大江东去'。"东坡为之绝倒。

三、风雅词派

豪放派以气势力量取胜，但难免有时失之于粗犷喧嚣，不够文雅；婉约派虽以细腻见长，但总让人感到过于软媚柔弱。姜夔将两者结合起来，创立了风雅词派，形成了兼综两格而独自名家的"清空骚雅"词风。

姜夔（1155—1221），字尧章，号白石道人，饶州鄱阳（今属江西）人。姜词风格"如野云孤飞，去留无迹"。《唐宋词选》收其《点绛唇·燕雁无心》等14首，其《白石道人歌曲》中的17支自度曲，并缀音谱，为唯一留存至今的宋词音乐文献。代表作为《扬州慢》。

除姜夔外，南宋时期还有其他许多杰出词人对婉约词风进一步开拓，宛如丛丛奇葩争胜，像史达祖的"奇秀清逸"，吴文英的"如七宝楼台"，王沂孙的"运意高远""吐韵妍和"，张炎的"清远蕴藉""悽怆缠绵"等，在词的音律与修辞艺术上都有独特的风格。

第四节　词律构成

——词学原理（一）

一、词的律化

通过了解词的起源，我们知道，词最早是一种合乐文学，流行于宴席上弹唱；从"曲子词"的称谓可知，曲与词配合，有调有词，一如今日之歌曲。

历代宫廷乐师和民间艺人们创制了许多不同的音乐调式，即为词调；而为了将这些词调加以区别，每个词调都得标个名称，以便于宴会上挂牌演出，通称"词牌"。

为克服陈词滥调的局面，博得听众的新奇感，乐师艺人们在不断谱写新曲的同时，更不断为原曲子词翻新唱词的内容，白居易的《琵琶行》中就有“莫辞更坐弹一曲，为君翻作琵琶行”的说法，晏殊的《浣溪沙》词中也有“一曲新词酒一杯”的句子。由于当时人们对词调旋律了然于胸，朗朗上口，因此无须去琢磨词律，直接凭借乐感即可填词，这就是倚声填词。

从语言学的角度分析，语言是由语音和字形两大系统构成的。得益于文字的出现以及纸笔工具、印刷技术的发明和成熟，字形得以较完整地保存，但语音（含曲音）则由于古代缺乏类似今天广播、电视、录音机的有效传播工具和记录载体，再加上交通不便、社会变革，致使方言林立，容易失真。

曲子词也不例外，在社会动荡以及生活方式变化的冲击下，逐渐“存其词形，而遗失曲音”。如唐朝著名的舞曲《霓裳羽衣曲》，竟然随着唐王朝的衰落崩溃而“寂不传矣”。五代时，南唐后主李煜得残谱，凭借其音乐天赋，补缀成曲，并曾一度整理排演，但已非原味了，后又在金陵城破时，李煜下令将其烧毁。

后来的文人们出于对“词”喜好却无奈曲音没能有效传承下来，只能研读前人的作品，揣度其字音，并以“平仄”“音韵”等方式予以记录，逐渐律化。

律化后的词，化身为词谱，后人们根据词律的结构及音韵规则填词，这就是倚谱填词。

词的律化过程是一种由音乐美转化为格律美的过程，体现了唯美思想。句式长短追求的是参差流转美，押韵追求的是回环和谐美，平仄追求的是抑扬顿挫美，对仗追求的是整齐对比美。

但若词体讲求格律，臻于极致，也会窒息其活力，扼杀其生命，脱离劳动群众，从而丧失其生存发展的土壤。

二、词律构成

词体讲究格律，词律的构成是较为复杂的，清代学者宋荦说“调有定格，字有定数，韵有定声”，这尚不能完全概括词律要素。词律构成的要素有：

词调 { 词牌（词题）
结构：片、句、字
声韵：字声、押韵 }

现以南宋诗词大家陆游的《卜算子·咏梅》为例试说明之。

驿外断桥边，寂寞开无主。已是黄昏独自愁，更着风和雨。	仄仄仄平平，仄仄平平仄。仄仄平平仄仄平，仄仄平平仄。
无意苦争春，一任群芳妒。零落成泥碾作尘，只有香如故。	仄仄仄平平，仄仄平平仄。仄仄平平仄仄平，仄仄平平仄。

此词调当初的曲调今已无法得知，但后代词律学家据当时的词作推定而记谱如上所示。

词牌名为“卜算子”，词题名为“咏梅”；此词的结构分为两片，称为“双调”，全词凡八句，共计44个字；此词的声韵表现为每个字均明确厘定字声，平仄有度，押的韵为词谱第四部仄声韵的“语”韵，韵脚为“主”“雨”“妒”“故”四字。

关于词律的构成详述如后。

第五节　词调、词牌与词谱

——词学原理（二）

一、词调

词体是以调为单位的，所谓词调，就是填词时所依据的乐谱调式，每首词都有一个表示音乐性的调名。词是一种协乐韵文，即与音乐有关。我国在商代时就发明了七声音阶和十二平均律，旋转相交而构成八十四调（宫调、即乐调），如大吕宫、无射宫、黄钟商、林钟羽等。不同的乐调所表现的情感是不一样的，或惆怅，或雄壮，或旖旎，或妩媚，或悲伤，或悠扬。随着词逐步与音乐剥离而趋向格律，不同词调的格律也就不相同，各有其特殊规范，如不同词调的长短句式、节奏旋律、押韵位置各异，此谓“调有定格”，详言之，即每个词调“调有定句，句有定字，字有定声”。

一个词调一旦谱成，其结构、节奏和韵律也就定型了，或激昂，或舒缓，或柔婉。填词者无法去改变词牌的这些属性，而只能选择与自己表情达意相一致的声律（词牌）。《贺新郎》慷慨激昂，如辛弃疾“誓在沙场死。却如何、奇谋百万，总成闲置”；《千秋岁》悲哀忧郁，如秦观“春去也，落红万点愁如海”；《寿楼春》凄切悠远，如史达祖“但听雨挑灯，攲床病酒，多梦睡时妆”；《水调歌头》奔放；《满江红》激昂；《相思引》缠绵；《木兰花慢》悲凉；小令《浪淘沙》音调激越，用之怀古抚今，最为适当；《浣溪沙》与《蝶恋花》则音节和婉，宜写情，亦宜写景。

词调最早来源于民间曲调，后来，有的来源于外域乐曲，有的是乐工歌手所谱制，有的是乐府古曲，又有一些是文人自度的等。据宛敏灏先生归纳，词调约有以下六个主要来源：

（1）截取隋、唐的大曲、法曲或引用琴曲。例如《伊州令》《婆罗门引》《剑器近》《石州慢》《霓裳中序第一》《六州歌头》《水调歌头》《法曲献仙音》《醉翁操》《风入松》《昭君怨》等。

（2）由民歌、祀神曲、军乐等改编的。例如《竹枝》《赤枣子》《渔歌子》《二郎神》《河渎神》《江神子》《征部乐》《破阵子》等。

（3）从国外或边地传入的。例如《菩萨蛮》《苏幕遮》《普赞子》《番将子》《八声甘州》《梁州令》《氐州第一》等。

（4）宫廷创制：有的出于帝王，如《水调》《河传》《破阵乐》《雨霖铃》《燕山亭》；有的出于乐工，如《夜半乐》《还京乐》《千秋岁》等。

（5）宋大晟乐府所制。例如《徵招》《角招》《黄河清》《并蒂芙蓉》《五福降中天》等。

（6）词人自度（制）曲。如姜夔的《扬州慢》《淡黄柳》《惜红衣》《凄凉犯》《长亭怨慢》等。

二、词牌

最初，词是配乐演唱的，每个词调都得标个名称，以相互区别，人们把这种以示区分的曲调名称叫作“词牌”，如“永遇乐”“满江红”等都是词牌，之所以称为“牌”，由演唱时要挂牌的做法而来。

早期的词家是依据词的乐曲来填词的，后来，原乐曲逐渐失传，于是只得按照前人词篇中的句式、平仄和韵律来填写，后有人把每一个词调的句式、平仄和韵律等，分别概括整理，用文字加以说明，形成种种不同的固定格式，并附词篇为例，编次起来，固化了词的格式，使词的格式和格律得以规范化。

词牌由最初的标注从属音乐的曲调名称演变成某词的字数、句数、声律、押韵等方面的固定格式标志，即“调有定格，句有定数，字有定声”。

每一词牌都有自己固定的段数、句数、字数和韵律、平仄要求，并在固定的地方押韵。后来，人们大多是按“词牌”填词的。

历代传下来的词牌为数众多，清代万树的《词律》中共收1180多个，实际上词牌比这个数字还要多。

许多词牌在首创时，所用曲调名和词的内容有关。如李白的《忆秦娥》写的确实是秦娥，开头就说“箫声咽，秦娥梦断秦楼月”，所以这个词牌也叫“秦楼月”。秦观的《鹊桥仙》，确实有仙侣鹊桥相会的爱情内容：“柔情似水，佳期如梦，忍顾鹊桥归路。”但各种词牌一经创立，后人照之填写，内容和词牌名不一定再有联系。所以各个调名只作为文字、音韵结构的一种定式。

关于词牌的来源，大约有下面的以下几种情况：

（1）本来是乐曲的名称。例如《菩萨蛮》，据说是由于唐宣宗大中初年，女蛮国进贡者们梳着高髻，戴着金冠，满身璎珞（璎珞是身上佩挂的珠宝），像菩萨。当时教坊因此谱成《菩萨蛮曲》。据说唐宣宗爱唱《菩萨蛮》词，可见是当时风行一时的曲子。《渔歌子》本为渔人歌之题，《巫山一段云》本为写巫山神女故事之歌题，《竹枝词》即来源于巴楚民歌《竹枝曲》（或《竹枝歌》）。而《西江月》《风入松》《蝶恋花》等，都是属于这一类的来自民间的曲调。

（2）有的是某乐曲的一部分。如“水调歌头”就是取“水调”的“歌头”来填词的，“莺啼序”则是用一个名叫“莺啼”的乐曲的“序曲”来填词的。

（3）摘取一首词中的几个字作词牌。例如《忆秦娥》，因为依照这个格式写出的最初一首词开头两句是“箫声咽，秦娥梦断秦楼月”，所以词牌就叫“忆秦娥”，又叫“秦楼月”。“忆江南”本名“望江南”，又名“谢秋娘”，但因白居易有一首咏“江南好”的词，最后一句是“能不忆江南”，所以词牌又叫“忆江南”。“如梦令”原名“忆仙姿”，改名“如梦令”，这是因为后唐庄宗李存勖所写的《忆仙姿》中有“如梦，如梦，残月落花烟重”等句。“念奴娇”又叫“大江东去”，这是由于苏轼有一首《念奴娇》，第一句是“大江东去”。又叫“酹江月”，因为苏轼这首词最后三个字是“酹江月”。《西江月》因李白有“只今惟有西江月，曾照吴王宫里人”之句得名。

（4）本来就是词的题目。《踏歌词》咏的是舞蹈，《舞马词》咏的是舞马，《欸乃曲》咏的是泛舟，《渔歌子》咏的是打鱼，《浪淘沙》咏的是浪淘沙，《抛球乐》咏的是抛绣球，《更漏子》咏的是夜。这种情况是最普遍的。凡是词牌下面注明“本意”的，就是说，词牌同时也是词题，不另有题目了。

（5）取最初所赋的对象。如《临江仙》初赋水媛江妃，《天仙子》初赋天台仙子，《河渎神》初赋祠庙，《小重山》初乃宫词，《思越人》初赋西子。

（6）采用人名或地名。如《祝英台近》由梁祝故事中主人公之一而得名，《沁园春》由东汉沁水园公主而得名，《念奴娇》由唐朝天宝年间宫廷歌女念奴而得名。

（7）按字数多少。如《十六字令》《百字令》。

历史上有许多精通音律的词人，他们或者自创新词，或者因循词牌的本义填词，词的文辞和词牌有一定的关联，这就使得许多词的词牌名就是词的题目。比如张志和的《渔歌子》是咏渔夫生活的，温庭筠的《更漏子》是咏春夜闺情的，等等。因此词最早并没有单独的题目，词人通常在词牌下注明“本意”二字。后来词剥离了音乐，词牌和词的文辞之间，就不一定要有关联了。一首《浪淘沙》可以完全不讲到浪，也不讲到沙；一首《忆江南》也可以完全不讲到江南。此时为了体现词的内容，就必须给词另加标题了。

词的标题（也称为词题或题名）和词牌有着严格区别，词的标题是词的内容的集中体现，它概括了词的主要内容。词牌是一首词词调的名称。例如《沁园春·伫立潇湘》这首词，“沁园春”是词牌，“伫立潇湘”是词的标题。《卜算子·咏梅》这首词，“卜算子”是词牌名，“咏梅”是词的标题。一般是在词牌下面用较小的字注出词题。

总之，对于词来说，词题没有调名重要，调名就是词牌。词题可有可无，但词牌不可或缺。

三、词谱

所谓词谱，也就是各种词牌的体式格式总汇，是写词时用于对照的一件样品，为填词提供方便和依据。通过对各种词调整理、汇编，制定出最规范的语言、格律（如各种词牌的句数、字数、平仄、韵脚等），并用特殊的符号记载词的语言、格律，供后人填词依照。

词的写法可以简捷地概括成一句话：按词谱填写。写词只依照词谱格式去写，依样画葫芦，所以叫“填词”而不是跟写诗一样说“作词”。以《忆王孙》为例，将词牌格式和例词对照如下：

中平中仄仄平平。	萋萋芳草忆王孙。
中仄平平中仄平。	柳外楼高空断魂。
中仄平平中仄平。	杜宇声声不可闻。
仄平平，	欲黄昏，
中仄平平中仄平。	雨打梨花深闭门。
（有着重号的字为韵脚，“中”表示可平可仄）	（李重元）

宋代已有“词谱”之称，但多指曲谱或声律谱而言。现传最早的词谱为明张綖《诗余图谱》，较完备的有清万树《词律》、康熙时王奕清等合编的《钦定词谱》等。

对于诸多词牌，一般人不可能全记住，也不必全记住，填词时可以查阅词谱，可参考的工具书有康熙的《钦定词谱》或舒梦兰的《白香词谱》。韵书可参照《词林正韵》。当代龙榆生先生编的《唐宋词格律》、王力先生著的《诗词格律概要》、上海古籍出版社出版的《中华韵典》等也都是很好的参考书。

词谱所集的词牌有数千种之多，但千百年来，真正常用的词牌是有限的。本书甄选出最常用的词牌40例汇编成集，且这些词牌大多在中学课本中出现过。对于普通中学生而言，精熟掌握这些词牌就能填出足够美妙的词来。而且本书结合每个词牌，都有一首经典词例和若干首名人名作，通过吟咏、背诵这些佳作，细心体味，反复揣摩，认真模仿，即可达到熟练掌握这些词牌的目的。

四、词调的调式与体式

1. 词的调式

唐宋词所用宫调只有28个，将词与曲结合，以节奏的缓急区分乐曲。节奏舒而缓者称为慢调，简称“慢”。慢曲与急曲比，声调长了。因此慢词的字数、句数就随之增加了。如字数最少的《卜算子慢》也有89个字。而《卜算子》仅44个字。慢调与前面提到的长调共同处是字数较多，区别长调是依词的长短而分，而慢调是依曲的急缓而别的。“慢、令、引、近”是词的四种调式。“慢”即慢曲，每片八拍。令为令曲，小令每片四拍。“引”和“近”每片6拍。

（1）“令”——最初某个词牌加称“令”，似与行酒令有关，其格式并无变化。如《浪淘沙》又称为“浪淘沙令”，《调笑》又称为“调笑令”等。后来，一般把字数少、调短、节拍较促的词称为“令词”，如《十六字令》《三台令》（24字）等。

（2）“引”和“近”——这两个字都有引长、扩充的意义。近词又称为“近拍”。引词与近词，一般都比原词较长，节拍较慢。如《千秋岁》71字，《千秋岁引》则为82字；《诉衷情》45字，而《诉衷情近》则为75字。

（3）“慢”——即“慢曲”的简称，指唱起来节拍较慢。慢词的字数一般比原词的字数多得多。如双调《浪淘沙》54字，《浪淘沙慢》扩大为三叠，132字；《雨中花》50字，《雨中花慢》则是100字。

2. 词的变调

词的调式变化还可体现在“变调”上，对原有词调进行增损变化而成另一体。变调以后的词字数、句法、用韵等均有变化。具体分为以下几种形式：

（1）转调——即增损旧腔，转入新调。经过转调后的词不再属于原来的宫调。有两种转调情况：一是仅某些句的平仄不尽相同，如《蝶恋花》和《转调蝶恋花》，均为双调，60字，只是后者的前后段第四句及换头句的平仄不同。二是转调后的字句与原调不同，如《踏莎行》双调58字，前后段各五句，三仄韵，而《转调踏莎行》则双调64字，前后段各六句，四仄韵。

（2）摊破——由于乐曲节拍的变化而增减字数，或破一句为两句，从而在结构和用韵上也发生变化，因而另成一体。如《采桑子》，双调44字，前后段各四句，三平韵；而《摊破采桑子》则双调60字，前段六句，四平韵，后段六句，三平韵、一重韵。

（3）减字——与摊破同理，通过减少原调的字数而另成新调。如《木兰花》双调52字，前后段各六句，句型为三三七三三七，三仄韵；而《减字木兰花》则为双调44字，前后段各四句，句型为四七四七，两仄韵、两平韵。

（4）偷声——与减字同理，但侧重于用韵的变化。如《偷声木兰花》为双调50字，前后段各四句，两仄韵、两平韵。它是从第三句起换平韵，以其偷平声，故云偷声。

（5）促拍——是由增字而形成的词调别体。这是因为歌唱时要促节短拍，节拍加快，就得增加原调的字句。

（6）添字——对某些句子增加字数，但不破句而形成另一种词调。

3. 同调异名、同名异调和异调同形

同调异名。同样一个词牌，可以有不同的名称，如"忆江南"又名"望江南""江南好""春去也""望江楼""梦江南""望江梅"等，"菩萨蛮"又名"子夜歌""重叠金""梅花句"等，"卜算子"又名"缺月挂疏桐""百尺楼""楚天遥""眉峰碧"等，"贺新郎"又名"贺新凉""金缕曲""金缕衣""金缕词""乳燕飞""貂裘换酒""风敲竹"等。这是由于词牌名的来源不同引起的。如李白的《忆秦娥》，本意是追忆秦娥的事情，由于词中有"秦娥梦断秦楼月"一句，因此又叫"秦楼月"。

同名异调。两首词的词牌名一样，可是格式迥然不同，这属于同名异调。例如《如梦令》和《阮郎归》都有一个别名叫"宴桃源"，《浪淘沙》和《谢池春》都有一个别名叫"卖花声"。这样的情况还有许多。

异调同形。有一些词牌从表面上看好像都是一样的，但细究其词谱却又不一样，这就出现了异调同形的现象。如《欸乃曲》《渭城曲》《采莲子》《杨柳枝》《八拍蛮》《竹枝词》《浪淘沙》都是七言四句，字数句式完全相同，但它们的平仄声韵及用途等方面却有差异，成为不同的词调。

以"竹枝词"为例，我们看到的竹枝词是："杨柳青青江水平，闻郎岸上踏歌声，东边日出西边雨，道是无情还有情。"其实它省略了"和歌"部分。如果加上"和歌"，那就是这样的了："杨柳青青（竹枝）江水平（女儿），闻郎岸上（竹枝）踏歌声（女儿），东边日出（竹枝）西边雨（女儿），道是无情（竹枝）还有情（女儿）。"

4. 词的体式（一调数体、同调异体）

多数词调只有一种体式、一种词谱，如《渔家傲》《十六字令》《减兰》《生查子》等。

但大家在读宋词时，有时会遇到这样一种情况，两首词的词牌一样，但是字数、句数、句读、押韵等方面却不完全相同，这就是词调的一调数体（或同调异体）现象，从而使词牌的体式有了正体和变体之分。正体又叫正格、定格、定式。同一词调有多种不同的格式，其中作为确定下来的规范格调叫正体，其他的叫变体。如《忆秦娥》正体以入声结尾，但其变体则以平声为韵脚。《念奴娇》是正名，用仄韵的居多，也有用平韵的，共12体，“百字令”“大江东去”“酹江月”则为其别名；《水龙吟》有25体；《河传》有27体等。当然，有多少“体”，就有多少个词谱。

如《卜算子》，44字，双调。别名“缺月挂疏桐”“百尺楼”“楚天遥”“眉峰碧”等。

正体

中仄仄平平，中仄平平仄。中仄平平仄仄平，中仄平平仄。

中仄仄平平，中仄平平仄。中仄平平仄仄平，中仄平平仄。

例：

驿外断桥边，寂寞开无主。已是黄昏独自愁，更著风和雨。

无意苦争春，一任群芳妒。零落成泥碾作尘，只有香如故。

（南宋·陆游）

变体（一）下阕首句变“仄中平平仄”，44字

例：

不是爱风尘，似被前缘误。花落花开自有时，总赖东君主。

去也终须去，住也如何住！若得山花插满头，莫问奴归处。

（宋·严蕊）

变体（二）首句变“平平仄仄平”，44字

例：

苍生喘未苏，贾笔论孤愤。文采风流今尚存，毫发无遗恨。

凄恻近长沙，地僻秋将尽。长使英雄泪满襟，天意高难问。

（宋·杨冠清）

变体（三）上下阕首句变“仄中平平仄”，44字

例：

见也如何暮，别也如何遽。别也应难见也难，后会无凭据。
去也如何去，住也如何住。住也应难去也难，此际难分付。

（宋·石孝友）

变体（四）下阕末句变“仄中中，平平仄”，45字

例：

我住长江头，君住长江尾。日日思君不见君，共饮长江水。
此水几时休，此恨何时已。只愿君心似我心，定不负、相思意。

（李之仪）

注：“我住长江头”的“长”字未拘格律。因为前后两句都要用“长江”才能更好表达意境，就只好破例了！

据《唐宋词学大辞典》记载，《卜算子》有变体30余种，但是众多的体，只有一种使用最多，便成了正体。

第六节　词的结构

——词学原理（三）

词的结构体现在段式（定段）、句式（定句）、字数（定言）以及段间结构变化上。

一、词的段式

词的段式也就是词的分段方式。

段的词学术语为“片”或“阕（què）”。“片”指乐曲奏过一遍。每一支歌曲，从头到尾演奏一次，接下去便另奏一曲，这叫作一变。“变”字到唐代时简化作“徧”或“遍”字，到南宋时又省作“片”字，片与片之间的

关系，在音乐上是暂时休止而非全曲终了，正跟现代歌曲唱一次、两次合为一曲的情形一样；“阕”原是乐终的意思，古人演奏歌曲，曲终称阕，一阕表示曲子到此已告终了，下面再来一阕，那是表示依照原曲再唱一首歌，当然前后阕的意思还是连贯的，词是会诸歌喉的，故一词也称一阕。

词有单调、双调、三叠、四叠的分别。

1. 单调

不分段的词即为单调，单调的词往往就是一首小令，它很像一首诗，不过是长短句罢了。例如：

忆江南 ［唐］白居易

江南好。风景旧曾谙。日出江花红胜火，春来江水绿如蓝。能不忆江南？

如梦令 ［宋］李清照

昨夜雨疏风骤，浓睡不消残酒。试问卷帘人，却道海棠依旧。知否？知否？应是绿肥红瘦！

渔歌子 ［唐］张志和

西塞山前白鹭飞，桃花流水鳜鱼肥。青箬笠，绿蓑衣，斜风细雨不须归。

2. 双调

双调的词可以是小令、中调或长调。双调就是把一首词分成前后（或上下）两片。双调是词中最常见的形式。例如：

浪淘沙 ［南唐］李煜

帘外雨潺潺，春意阑珊。罗衾不耐五更寒。梦里不知身是客，一晌贪欢。

独自莫凭栏，无限江山。别时容易见时难。流水落花春去也，天上人间。

蝶恋花 ［宋］苏轼

花褪残红青杏小。燕子飞时，绿水人家绕。枝上柳絮吹又少。天涯何处无芳草？

墙里秋千墙外道。墙外行人，墙里佳人笑。笑渐不闻声渐杳。多情却被无情恼。

浣溪沙 ［宋］晏殊

一曲新词酒一杯，去年天气旧亭台。夕阳西下几时回？

无可奈何花落去，似曾相识燕归来。小园香径独徘徊。

双调词的两段分别称为上、下片或上、下半阕。在书写排印时，每片之间必须空两格，以表示分片。词虽分片，仍属一首。

双调词的两段在内容上往往相互映衬，如上景下情、上情下景、上今下昔、上昔下今、上昼下夜（声声慢）、上夜下昼（鹊踏枝）、上虚下实（西江月、破阵子）、上下相反（采桑子）。

3. 三叠

三叠就是三阕，不多见，如《瑞龙吟》《兰陵王》。如前两叠短，句法又完全相同，好像是第三叠的双头者，又叫作“双拽头”。

4. 四叠

四叠即分为四段。四叠只有《莺啼序》《胜州令》（215字）两调。

二、词的句式

大部分词的句式长短不齐，押韵也变化多端。通过长短参差的句式，配以平仄声韵的交替迭代，使词调更加灵活多变，这样诵读起来抑扬顿挫，激荡而和谐，蕴蓄的感情也显得更加丰富曲折。

例如蔡伸《苍梧谣》（即《十六字令》）：“天！休使圆蟾照客眠。人何在？桂影自婵娟。”开头以一字句振起全篇，接以七字、三字、五字句，又有摇曳的余韵。

再看辛弃疾的《唐河传》：

春水，千里。孤舟浪起，梦携西子。觉来村巷夕阳斜。几家？短墙红杏花。

晚云做些儿雨，折花去。岸上谁家女？太狂颠！那边，柳绵，被风吹上天。

这里二字句、三字句、四字句、五字句、七字句，押平韵、仄韵中上、去声的，错综迭用，宛如大珠小珠落玉盘，描绘出无边春色的生意盎然，青春少女的天真娇憨，显得清新活泼、跌宕多姿。

词中的长句也能使情意更加宛转，气势更见浩瀚。如：

对潇潇暮雨洒江天，一番洗清秋。渐霜风凄紧，关河冷落，残阳当楼。

——柳永《八声甘州》

词中“渐”字下领三个四字句，可视为十三字句。

长短句比齐言体提供了选词用语方面远为灵活的条件。李清照《声声慢》运用大量叠字就是著名的例子：

寻寻觅觅，冷冷清清，凄凄惨惨戚戚。……梧桐更兼细雨，到黄昏点点滴滴。

本词开端一连14个叠字，一波三折而一气贯穿，诗中无此句法。“到黄昏点点滴滴”，七字句而上三下四，读来十分自然，断续连绵细雨凄清入耳的声情也充分而又有余地传达出来了。

词的句式有从一字句到十一字句各式（也有少量超长句式），不同词调句式所包括的种类、数量往往不同。句数最少的只三句（如《渔父引》），句数多的达数十句。

词的句式还指句内“平仄”字声的交错排列方式以及节奏的控制，我们将在第六节中结合词的字声深入探讨。

词句以句号为单位，句号内承接，句号间递转，一个句号相当于格律诗一联。如南宋岳飞《满江红》：

怒发冲冠，凭栏处，潇潇雨歇。抬望眼，仰天长啸，壮怀激烈。三十功名尘与土，八千里路云和月。莫等闲，白了少年头，空悲切！

靖康耻，犹未雪；臣子恨，何时灭。驾长车、踏破贺兰山缺。壮志饥餐胡虏肉，笑谈渴饮匈奴血。待从头，收拾旧山河，朝天阙。

全词分上下两片，上片共四句，分别写场景，描表情，忆往昔，壮胸怀；下片四句分别点缘由，洒豪情，励斗志，表决心。

三、词的字数

不同的词调或同一词调的不同体式，字数往往是不同的。词的字数依调而定，短者如《十六字令》仅16字，长者如《莺啼序》有240字。当然也有字数相同的词，例如《浣溪沙》《归国谣》《恋情深》《赞浦子》都是42字，但它们的句数、用韵、平仄、句式则是各异的。作词必须严格遵守每调所规定的字数，不能多一字，也不能少一字。

按照词的字数多少可将词分为小令、中调、长调。

小令：58字以内。如李煜《相见欢·无言独上西楼》36字，辛弃疾《清平乐·村居》46字。

中调：59—90字。如苏轼《江城子·密州出猎》70字，辛弃疾《破阵子·为陈同甫赋壮词以寄之》62字。

长调：90字以上。如苏轼《水调歌头·明月几时有》。

这是根据《类编草堂诗余》所分小令、中调、长调而得出来的结论。

敦煌曲子词中，已经有一些中调和长调。宋初柳永写了一些长调。苏轼、秦观、黄庭坚等人继起，长调就盛行起来了。长调的特点，除了字数较多以外，就是一般用韵较疏。

四、词的段间结构特点

历代词作中双调词占多数。词虽分两片，但仍属一首，故上、下片的关系，须有分有合，有断有续，有承有起，句式也有同有异。

有的词上下两片的字数、平仄及用韵都完全相同，就像一首曲子配着两段歌词，如《一剪梅》《踏莎行》《渔家傲》；而有的词上下两片则于字数或平仄、用韵有所区别，如《菩萨蛮》上下片句式与韵均不同，而《浣溪沙》虽然上下片句式相同，都是21个字，但平仄却不同。

上下片间的衔接尤见作者的匠心和功力。两片若字数、平仄、句式不尽相同，往往是开头几句不一样，叫作“换头”。换头又称为过，或曰过处、过片、过腔、过拍、近变等。因为音乐奏到这里，都要加繁声，歌词从上遍过渡到下遍，稍增减其字，听者不觉得是上遍的重新开始。这个过字就是现今国乐家所谓过门。若词的上下片声调全同的，叫“重头”，如《南歌子》《渔歌子》《浪淘沙》《江城子》等。小令有重头的，也有换头的，但引、近、慢词则全都换头，而没有重头的了。

在词的创作上，换头的同时，通常也要换笔、换意。所以，一般的词都是上片写景，下片抒情。当然大家也有破格，或写景或抒情，一气流注，贯彻到底的情形。

对于双调词，亦有一种常见格式，即将上片细分为起句、铺叙和小结，下片分为过变、铺叙和煞尾，用以体现思想情感的发展过程。

五、“豆”结构

词的句法里含“豆（读）”结构，是词的特点之一。

豆，也称作“逗”“领字”“衬字”“衬逗虚字”。例如“望长城内外”中的“望”字就是一字豆。

作为“豆”的字相对独立，读时稍有停顿，故称为“豆”，但这个字又不能完全独立出来，完全独立出来就没有意义了。上句中的“望”后面有顿，其断句节奏不同于一般的五字句，即应读为“望——长城内外”，而不能像五字诗句那样读成“望长——城内外”。

作为“豆”的字除了在词句中起语气停顿作用外，还能呼领下文。故“豆”也称作“领字”，词中很多较长的句子，其实就是虚字领起一组较短的句子。如“记我行南浦，送君折柳，君逢驿使，为我攀梅”，此长句皆由“记”字统领引出。“豆”若选用得好，可提词的精、气、神，故古人填词对此十分细心。

常用作领字的多是一些虚字（副词，也有一些动词和形容词），因而“豆”也称为“衬逗虚字”，领字大多是一个字，也可以是两字或三字构成。在词体中用得较多的领字如下：

单字：怎、望、愿、惭、正、但、待、甚、任、只、漫、奈、纵、便、又、况、恰、乍、早、更、莫、似、念、记、问、想、算、料、怕、看、尽、应、总、爱、以、见、怅、嗟、凭、叹、将、若、共。

两字：试问、莫问、莫是、好是、可是、正是、更是、又是、不是、却是、却喜、却忆、却又、恰又、恰似、绝似、又还、忘却、纵把、拼把、那知、那番、那堪、堪羡、何处、何奈、谁料、争道、漫道、怎禁、遥想、记曾、记得、闻道、况值、无端、独有、回念、乍向、只今、不须、未许、多少。

三字：怎知道、君不见、都忘却、待分付、莫不是、都应是、又早是、又况是、又何妨、又匆匆、最无端、最难禁、更何堪、更那堪、那更知、谁知道、君知否、再休提、到而今、况而今、记当时、忆前番、当此际、问何事、倩何人、似怎般、怎禁得、且消受、都付与、待行到、便有人、拼负却、空负了、要安排、嗟多少。

只有一个领字的称为“一字豆”，或“一字顿”、单字结构，这在词体中最为常见。

词里不少五字句，实际上是上一下四，即一字豆领四字律句，不少八字句，实际上是上一下七，即一字豆领七字律句。

一字豆可看成这个单独的字与几个字相连，组成“一加几”的句式。

一加四：如“叹年来踪迹”（柳永《八声甘州》）。

一加六：如“但寒烟衰草凝绿”（王安石《桂枝香》）。

一加七：如“又岂料如今存此身”（陆游《沁园春》）。

一加八：如“有笔头千字，胸中万卷”（苏轼《沁园春·孤馆灯青》）。一加八的句子，多数是一字之后加两个四字句。

“一字豆”不同于“一字句”，该字单独存在无实在意义。

懂得一字豆，才能理解词的平仄或对仗。如懂得“望”字是一字豆，就理解“长城内外”是四字律句，也能理解“长城内外，惟余莽莽”和“大河上下，顿失滔滔”成为工整的扇面对。

词用领字者，领字后的对仗情况如下：

一领三字两句相连：如《大酺》“正夕阳闲，秋光淡”（方千里）。

一领三字三句相连：如《行香子》“正莺儿啼，燕儿舞，蝶儿忙”（秦观）。

一领四字两句相连：如《解连环》“正沙净草枯，水平天远”（张炎）。尤须注意一领四字的尖头对，如《临江仙引》“对暮山横翠，衬梧叶飘黄”（柳永），此种尖头对为词中特有，绝不能作五言诗的句式。

一领四字三句相连：有上偶下单，如《扬州慢》“纵豆蔻词工，青楼梦好，难赋深情”（姜夔）；有下偶上单，如《木兰花慢》“记十载心期，苍苔茅屋，杜若芳洲”（李钰）。

一领四字四句相连：有上下对仗，如《沁园春》“唤厨人斫就，东溟鲸鲙；圉人呈罢，西极龙媒”；有如骈文作扇面对，如“正惊湍直下，跳珠倒溅；小桥横截，缺月初弓”（辛弃疾）；另则是前后两两对仗，如“幸眼明身健，茶甘饭软，非惟我老，更有人贫”（陆游）。

一领六字两句相连：如《三台》“见梨花初带夜月，海棠半含朝雨”（万俟咏）。

二领六字两句相连：如《八六子》“那堪片片飞花弄晚，蒙蒙残雨笼晴”（秦观）。

有三个领字的称为“三字豆”，如《满江红》“凭栏处、潇潇雨歇”，前三字就是三字豆，不能读成“凭栏/处潇/潇雨歇”。

六、句的对仗

绝大部分词不要求对仗，不要求对仗的地方可对可不对，但少量的词一些地方是要求对仗的，要求对仗的地方必须对仗。如《踏莎行》《鹊桥仙》每阙的首二句、《满江红》中间的七言句、《沁园春》中间的四言句等是要求对仗的。

1. 词中对仗的特点

（1）同字相对。如“春到一分，花瘦一分”（吴文英《一剪梅》），两个“一分”相对；“才下眉头，却上心头”，两个“头”字相对。

（2）不拘平仄。如“我住长江头，君住长江尾”（李之仪《卜算子》），“住长江”重出，平仄也全按词谱，不要求相对。（仄仄平平平，平仄平平仄。）

（3）同韵相对。如“堂阜远，江桥晚”（上片），“旗影转，鼙声断”（下片），韵脚“远”“晚”“转”“断”都是仄声，属于同韵。

2. 词中对仗的使用规范

（1）凡相连的两句字数相同时，词人经常运用对仗手法，特别是在两片开头的地方。如晏殊《踏莎行》上下片首二句：“细草愁烟，幽花怯露……带缓罗衣，香残蕙炷……”辛弃疾《西江月》上下片首二句：“明月别枝惊鹊，清风半夜鸣蝉……七八个星天外，两三点雨山前……”

（2）用与不用对仗，看内容和表达的需要。如苏轼《木兰花令》六首，第三、四两句三首用对仗，三首不用对仗。像“园中桃李使君家，城上亭台游客醉”用了对仗，对照而言使醉眼看花的情态更加真切；“夜凉枕簟已知秋，更听寒蛩促机杼”，下句把人在寒秋中的感受更逼进了一层，不用对仗，更觉深沉。

（3）有些句子，上句除了开头有个一字逗或两三字顿以外，其余的部分与下一句字数相同，往往也用对仗。这种对仗，有时不限于两句，可以连对三、四句，形成排比句法，气势颇盛。

（渐）霜风凄紧，关河冷落，残照当楼。（柳永《八声甘州》）

（那堪）片片飞花弄晚，蒙蒙残雨笼晴。（秦观《八六子》）

（更那堪）鹧鸪声住，杜鹃声切。（辛弃疾《贺新郎》）

七、叠字、叠句、叠韵

有一部分词要求在一定位置叠字、叠韵、叠句。如《如梦令》：“常记溪亭日暮，沉醉不知归路。兴尽晚回舟，误入藕花深处。争渡，争渡，惊起一滩鸥鹭。”（李清照）用了叠句“争渡”。陆游的《钗头凤》中用了叠字“错”和“莫”。

第七节　词的声韵

——词学原理（四）

一、汉语语音与词的声韵

汉语语音在历史发展过程中是不断演进的。音韵学家们把汉语的读音分为四个时期：上古音（涵盖范围为周秦及两汉）、中古音（自魏晋南北朝，以迄于唐宋）、近古音（元明清）、现代音。唐宋时期的语音属中古语音，与现代语音有所区别，但其构成是一致的，均由声母、韵母和声调三个方面构成。

诗词格律中所谓的韵，简单说来就是字的尾声，大致等于现代汉语中的韵母。比如，“长”和“方”的尾声，按普通话它们的韵母都是“ang”，这个韵母就是这两个字的“韵”，且它们属于同一个韵部。那什么又是韵部呢？韵母相同或接近的字组合在一起就构成一个个的韵部。

语音的高低、升降、长短构成了汉语的声调，其中以高低、升降为主要的因素。汉语有声调，是其一大显著特点。现代汉语普通话有阴平（第一声）、阳平（第二声）、上声（第三声）、去声（第四声）四个声调，比如同一个音qing，就可以读出“清、晴、请、箐”四个声调来（即四声）。古代汉语也有四个声调，即平声、上声、去声、入声。但古代的四声与现代汉语的四个声调有所不同。二者关系如下：（1）平声，后演变成阴平和阳平。（2）上声，后有一部分演化成去声。（3）去声，后绝大部分仍然是去声。（4）入声，在普通话里完全消失，分别并入阴平、阳平、上声、去声。如

“白”是平声，“国”是平声，而在诗词韵书中，都为入声。在有些地方，比如在广东、四川、江浙等地的方音中，部分入声读音依旧存在。

关于古代四声高低升降的形状到底是怎样的，现在已不能详细知道了。依传统的说法，平声应该是一个中平调，上声应该是一个升调，去声应该是一个降调，入声应该是一个短调。关于四声，古人有一首歌诀，可以大致说明其高低升降的状况。这个歌诀名为“分四声法”：“平声平道莫低昂，上声高呼猛烈强，去声分明哀远道，入声短促急收藏。”

因为词是配乐的，词调舒促抑扬，不断变化，如果与四声的长短升降配合得当，就能增强文字表情达意的效果，从而构筑生出一种音乐般的美感；若不严格区别，字调的变化也就适应不了曲调的变化，有时甚至会妨碍意思的表达。

诗人们还把四声分成平仄两大类，平就是平声（阴平、阳平），仄就是上去入三声。用现代汉语语音来分辨，读一、二声的字都是平声，第三声（上声）和第四声（去声）的字都是仄。这样划分的原因在于，平声是没有升降的，较长的，而其他三声是有升降的（入声也可能是微升或微降），较短的，如此便形成了两大类型。当然，对于现代人而言，既然古人就是这么定的，我们知道哪是平声、哪是仄声，知道平仄如何搭配使用就足够了。

唐代的诗词只讲究平仄，到了宋代，渐渐注意四声了。但是，由于过分强调字、调的分辨，有时也会妨碍对思想感情的表达。因此，对于通行词调，只要求分别平仄，只在某些关键之处，才讲究一下仄声中的上去入三声之分别。四声分辨比较严格而又为多数词人所共守并解决的主要有四：词的煞尾处、一字逗、词律规定的拗句和借字。

二、词的定声

1. 词的定声特点

在诗词中遵循平仄错落规则，即平仄在本句中是交替的，在对句中是对立的。比如杨万里《霰》中的两句：

寒声带雨山难白，冷气侵人火失红。
平平｜仄仄｜平平｜仄，仄仄｜平平｜仄仄｜平。

本句中双音平仄交错，对句中平仄对立。

不同平仄声调的文字交错配置，能使句子的声调丰富起来和多样化，不至于显得单调，构成一种错落的节奏与平仄谐和，形成一种音乐般的美质。

在词体中，每调字声平仄各有定格，且平仄规定都具体到每个字，有些字可平可仄，但有些字却不可平仄更替，是固定的，这是因为句中平仄是由词调的音乐决定的，因此必须按词谱规定的字声规定填词。

词的定声有以下特点：

词的平仄根据曲调的高低升降确定，不可变更。

词的平仄相对来说比诗严格，不仅规定必平或必仄，而且有时要区分仄声中的上、去、入三声，甚至有时还要区分阴阳（入声也有阴阳）。如辛弃疾《永遇乐》五首存词的尾句“这回稳步”“片云斗暗”“记余戏语”“尚能饭否”“更邀素月”，前二字就均作“去平”。词中四声分辨相对比较严格的地方，大多处在词的煞尾、一字逗、规定的拗句和词中某个节拍的结煞处。

词除了大量采用平仄相间的律句外，还较多地采用叠平叠仄的拗句（非律句），形如“平仄平仄”“仄平平仄”等，且往往成为定格。此外，词中还有大量如“仄仄仄”“仄仄仄仄”等这样的纯仄声“三连仄”“四连仄”句子，甚至“五连仄”都有。

词句的句法节奏比近体诗要丰富变化得多。比如七字句作上三下四，在诗中就比较少见。特别是在词中大量使用“领字”，以领起下面一句或几句等，更是诗中所罕有而为词所特有的句法。

2. 词句的“入律”原则

词的特点之一就是全部用律句或基本上用律句。

词有齐言、杂言，而且大多数是杂言，从一字到十一字不等。

五字和七字词句的平仄，与五、七言律句的平仄，大多是相同的，称为“入律”。在唐代，词刚登上文坛的时候，有的词就是一首近体诗，如前面介绍的刘禹锡的《竹枝词》，还有李白的《清平调词》（“云想衣裳花想容，春风拂槛露华浓。若非群玉山头见，会向瑶台月下逢”），就其格律看，都是七言绝句。还有不少词调明显地是从近体诗脱胎出来的。如《浣溪沙》42字，就是由六个七字律句组成的，很像一首不粘的七律减去第三、第七两句。这词的后半阕开头用对仗，就像律诗颈联用对仗一样。《菩萨蛮》前后阕末句本来用拗句（仄平平仄平），但是后代许多词人都用了律句，以致万树《词律》不能不在第三字注云“可仄”。如果前后阕末句都用了律句，那么，整首《菩萨蛮》便是七言律句和五言律句组成的了。不过要注意一点：词句常常是不粘不对的。像《菩萨蛮》开头两句虽然都是律句，但它们的平仄不是对立的。还有些词是由五言律句与七言律句合成的，如《卜算子》上下阙各三句五言句，一句七言句。

在词中，三言句、四言句、六言句大多也是从律句中截取的一段，词学专家王力先生有过精当分析。三字句可以认为是七言律句的末三字，四字句可认为七言律句的前四字，六字句可以认为是七言律句的前六字，八字以上的句子可视为七言以下的句子的联合，形成一七、二六、三五、四四等的结构，均应当尽量符合律句的原则。而一句只有一个字或只有两个字的并不多，而且在意义上往往不具独立性，不必视作律句。

当然，词谱中还有特例，如连三平或连三仄，显然不是诗律中具有的格式；而且律诗中的变格规则不能随便套用到词中来。词的句子的平仄，每句都要按照词谱的要求来填写。例如《雨霖铃》下阕的第一句“平平仄仄平平仄”（柳永句“多情自古伤离别”），此种句式在七律中第一字和第三字本是可平可仄、不拘平仄的，但在这个词牌中不行，句中每个字的平仄都是固定的，包括第一字和第三字。又如《解语花》的第三句“平仄平平仄”（秦观句“深院重门悄”），貌似律诗中的“仄仄平平仄”，但不能通用，第一个字必须用平声。

总之，从律句去了解词的平仄，十分之九的问题都解决了。

3. 句式的平仄及节奏规则

词的句式往往脱胎于近体诗的律句，但又远较律句中的五言、七言等句式复杂，现结合词的句式来学习平仄、节奏规则。

（1）一字句。一字句很少见。只有十六字令的第一句是一字句，“平”音，且通常多为韵脚。如宋代蔡伸的十六字令“天。休使圆蟾照客眠。人何在？桂影自婵娟”，其中“天”是韵脚。

此外，还有一些词牌叠句中的一字句，如陆游《钗头凤》中的“错！错！错！”“莫！莫！莫！”可以看作叠用的三个一字句“仄、仄、仄”。

（2）二字句。二字句一般是平仄，而且往往用叠句。如李清照《如梦令》：“知否，知否？”王建《调笑令》：“杨柳，杨柳……肠断，肠断。”

个别用平平。如冯延巳《南乡子》：“烟锁凤楼无限事，茫茫……薄幸不来门半掩，斜阳。”辛弃疾《南乡子》：“千古兴亡多少事，悠悠！……天下英雄谁敌手？曹刘。”

还有用仄仄。如姜夔《翠楼吟》：“此地。宜有词仙，拥素云黄鹤，与君游戏。”

（3）三字句。三字律句就是七言律句或五言律句的三字尾。常用的有四种，即平平仄，平仄仄，仄平平，仄仄平。平平仄如“须晴日”，平仄仄如“俱往矣”，仄平平如“照无眠”。

另外还有拗句“仄平仄”式、“仄仄仄”式，但很少有三连平的。

三字句多用于词的首句或换头处。如白居易《忆江南》首句：“江南好，风景旧曾谙。”苏轼《水调歌头》换头处：“转朱阁，低绮户，照无眠。”岳飞的《满江红》换头处：“靖康耻，犹未雪。臣子恨，何时灭？”三字句常常连用，连用时往往配成对仗。

三字句的节奏通常为上二下一（简称二一式，下同），即“平平\仄”“仄仄\平”“平仄\仄”“仄平\平”，也可以为上一下二，即“平\平仄”“仄\仄平”“平\仄仄”“仄\平平”，如“须\晴日”“起\宏图”。

（4）四字句。这是词中用得最多的句式，往往是截七言律句的前四字。最常见的句式为平平仄仄、仄仄平平，如：“唐宗宋祖，稍逊风骚。”上述两种句式中第一第三字可以有条件地变通，或以平代仄或以仄代平。如“同学少年”——平仄仄平，“激扬文字”——仄平平仄。同三字句相似，四字句常常连用，连用时往往对仗。

在长调中，如果两个四字句连在一起，往往对仗。四字句中第三句是字眼，十分吃紧。如：“虚阁笼云，小帘通月”（姜夔《法曲献仙音·张彦功官舍》），“断浦沉云，空山挂雨”（史达祖《齐天乐》）。

从节奏而言，上二下二最常见，偶有一三（多为一字逗，如“但\远山行”中的“但”为豆）和一二一节奏的（如“揾英雄泪”）。

（5）五字句。五字句常见的就是普通的五言律句。主要有如下一些句式：平平仄仄平，如“香消酒未消”（李清照《菩萨蛮》）；平平平仄仄，如“青山遮不住”（辛弃疾《菩萨蛮·书江西造口壁》）；仄仄平平仄，“一任群芳妒”（辛弃疾《卜算子·咏梅》）；仄仄仄平平，如“驿外断桥边”（同上）。

五字句还有拗句“平仄仄平仄”“仄仄仄平仄”，如苏轼《水调歌头》“明月几时有，把酒问青天”，此式多用于《水调歌头》首句。

五字句的节奏以二二一或二一二为常，但有时候也用上三下二的句法，以及一字豆的上一下四句法。

（6）六字句。六字句是四字句的扩展，就是在四字句上前面或后面加一个音节（两个字），把四字句的平起变为仄起，仄起变为平起，就扩展成六字句了。有两种基本格式，一为仄仄平平仄仄，实为律句“仄仄平平仄仄平”中的前六字，如“我欲乘风归去”，一为平平仄仄平平，如“红旗漫卷西风”。两个六字律句用在一起如“今日长缨在手，何时缚住苍龙”。

从节奏而言，有二四、四二、二二二、三三等，没有五一，但有一五，多属一字逗。其中三三句式，又叫作折腰句，如“谁得似、长亭树”。（姜夔《长亭怨慢》）

（7）七字句。最常见的是近体诗的七言律句。有四种句式：仄仄平平仄仄平，如“已是黄昏独自愁”（陆游《卜算子·咏梅》），第一字可平可仄；仄仄平平平仄仄，如“辘辘车声如水去”（蒋兴祖女《减字木兰花·题雄州驿》），一、三字可平可仄；平平仄仄平平仄，如“而今识尽愁滋味”（辛弃疾《采桑子·书博山道中壁》），一、三字可平可仄；平平仄仄仄平平，如“夕阳西下几时回”（晏殊《浣溪沙》），一、三字可平可仄。

七字句的节奏，大都作上四下三，也有的可作上三下四，如秦观《鹊桥仙》“两情若是\久长时，又岂在\朝朝暮暮”，这是与近体诗中七言句不同的。

（8）八字句。八字句均为复合句。通常用的是如下三种格式：三五式，为常用，词谱一般给以断开，如果第三字用仄声，则第五字往往用平声，如果第三字用平声，则第五字往往用仄声，下五字一般都用律句，第三字用仄声的如“看豪气朝来三数峰”，第三字用平声的如“莫等闲\白了少年头”；一七式，一般是一字豆引七字律句，其后七字即用七言律句的平仄格式，如“看豪气朝来三数峰”；二六式，其后六字即用六言词句的平仄格式，如“应是\良辰美景虚设”；八字句亦偶有用四四式，中间作一逗，如“定知我今、无魂可销”（史达祖《换巢鸾凤》）。

（9）九字句。一般都用两个律句组合而成，至少下六字或下五字是律句。通常用的是如下三种格式：三六式，其三字用平脚，则后边的六字句为仄脚，如“谈笑间\樯橹灰飞烟灭”“浪淘尽\千古风流人物”；六三式，如“故国不堪回首\月明中”“恰似一江春水\向东流”“自是人生长恨\水长东”，用的是“仄仄仄平平仄\仄平平”格式；四五式，如“斜阳正在\烟柳断肠处”，用的是“平平仄仄\仄仄平平仄”。

九字句还有由二字豆与七字句、一字豆与八字句组成的复合句。上二下七，“恰似——一江春水向东流”（李煜《虞美人》）；上一下八，

“入——寻常巷陌人家相对”（周邦彦《西河》）。

（10）十字句。罕见，只有《摸鱼儿》上下阕各有一个十字句，十字句实际上是三字句（豆）与七字律句的复合句，即三七式。如：“君不见\玉环飞燕皆尘土”（辛弃疾《摸鱼儿》），句式为“仄仄仄、平平仄仄仄平平”。

（11）十一字句。十一字句是词中最长的句子，罕见，常见的词调中只有《水调歌头》一调中有此长句。句式只有两种：四七式，如“不应有恨\何事偏向别时园”（苏轼），前四字是律句，后七字是拗句，格律为“平平仄仄，平仄平仄仄平平”；六五式，如“不知天上宫阙\今夕是何年”（同上），前六字是拗句，后五字是律句，格律为“平平仄仄平仄，仄仄仄平平”。

（12）带“逗”结构。一字逗只能是仄声字，而且往往是去声或入声，当然也可用上声，但很少用平声；三字豆常用仄平平、仄仄平、仄仄仄、仄平仄、平仄仄、平平仄，少用平仄平，禁止用平平平。

三、词的押韵

1. 词韵及其特点

词同诗一样，也是韵文。诗人词客在诗词中用韵，叫作押韵。所谓押韵，就是句末的字音韵相同（即系同一韵部的字），以便读起来朗朗上口，押韵的字处句末，故称韵脚。

押韵的目的是为了声韵的谐和。同类的乐音在同一位置上的重复，就构成了声音的回环的美。有韵自然顺口，顺口便容易记忆，再加上诗词短小精悍，所以广为传诵。比如：

红豆生南国，春来发几枝。愿君多采撷，此物最相思。

诗中韵脚“枝、思”两字便属同韵字押韵，它们隔句在同位置上重复出现，从而造成一种和谐和回环的音韵之美，使得作品读来朗朗上口。

词的用韵与诗的用韵相比有三大特点：

（1）词的用韵比诗更宽松

在古代，由于没有统一的汉语拼音方案，来自不同区域的诗人词客们对文字读法并不相同，为统一对押韵和平仄的认识，人们专门制定了统一的韵书（如平水韵），对每个字的平仄声，以及在韵上具体归属到哪个部类都做出了统一的硬性规定。词韵虽参照诗韵，但做了大量的删裁并转，如诗韵用的《佩文诗韵》共106部，而词韵用的《词林正韵》才19部。

词的用韵比诗更为宽松。表现在：

① 邻韵通押。诗的韵部绝不容许与他部或邻韵相混，如“东、冬”两部，“真、文、痕”等部，“肴、豪”两部，“寒、删、先”等部，“青、侵、庚”等部的韵字不能混合使用，而在词中近似的韵可合并使用。

② 平声通押。

③ 上声和去声通押，但与入声一般情况下是不能混押的（某些特殊规定的词谱除外）。

④ 同部平仄通押。词韵同部的平声可和上声、去声通押而构成叶韵。如史达祖《西江月》中有句“凌波袜冷一樽同，莫负彩舟凉梦”，其中“同”字为平声，“梦”字为仄声，但都属于词韵的第一部，可以互押。

⑤ 方音押韵。诗不使用方言协韵，而在古人的词作品中有不少是以方音押韵的，这主要是唐宋人填词多倚口语押韵的缘故。

（2）词的用韵比诗更复杂

诗基本上是偶句押韵的，而词的韵位则是依据曲度，由音乐上的停顿决定，每个词调的音乐节奏不同，韵位也就不同，因此每个词调也就各有自己相对固定的押韵格式，因此词的押韵方式显得灵活多变，更为复杂。具体表现在：

① 格律诗是一韵到底，而不少词调却是要换韵的。如辛弃疾《清平乐·村居》：

> 茅檐低小，溪上青青草。醉里吴音相媚好，白发谁家翁媪？
> 大儿锄豆溪东，中儿正织鸡笼。最喜小儿亡赖，溪头卧剥莲蓬。

这首词的上阕用的韵字有“小、莫、好、媪”，与下阕用的“东、笼、蓬”并不同韵，这个词牌本身要求这样转韵。

② 格律诗一般都用平韵，而词的用韵，或平或仄，必须依据词谱而定。词的押韵或平或仄，有以下四种情况：限用平韵的词牌，如《采桑子》《临江仙》《一剪梅》《满江红》《水调歌头》等；限用仄韵的词牌，如《生查子》《如梦令》《渔家傲》《卜算子》《点绛唇》《贺新郎》《永遇乐》等；可平可仄的词牌，如《念奴娇》《满江红》（正体用仄韵，别体用平韵）等；平仄换韵的词牌，如《清平乐》《西江月》《更漏子》《调笑令》《相见欢》等。

③ 格律诗的韵脚位置固定，而词的韵脚位置要根据词谱而定，一般有三种情况：句句用韵的，如《渔家傲》《长相思》《忆王孙》等；不是句句用韵，但各阕韵脚位置相同，如《卜算子》《采桑子》《生查子》《一剪梅》等；不是句句用韵的，且各阕韵脚位置也不相同，如《沁园春》《水调歌头》《满江红》《桂香枝》等。至于每个词调哪里需要押韵，需要押什么声调的韵，是押平声还是押仄声，是平仄互押还是一韵到底，词谱里都有具体规定和说明，只需按词谱规定去押韵就可以了。

（3）词有叠韵

有的词要求用叠韵，如“汴水流，泗水流，流到瓜洲古渡头，吴山点点愁。思悠悠，恨悠悠，恨到归时方始休，月明人倚楼”（白居易《长相思》），这里两个“流”和两个“悠”字，都是叠韵。

无论是写诗还是填词，唱和是经常遇到的情况。唱和不一定要和韵，但有人喜欢显示自己的才能，唱和时不仅和意，而且还和韵。和韵分为如下几种类型：①次韵，又称步韵，即用原诗相同的韵字，且前后次序都必须相同，这是最常见的一种方式；②用韵，即使用原诗中的韵字，但不必依照其原来的次序；③依韵，即用与原诗同一韵部的字，但不必用其原字。

四、词韵规范

1. 词韵沿革与韵书

先看诗韵。中国地广人多，因而虽文字相同但读音各异，流变成许多方言。诗是韵文，各地对文字读法不同，就无法统一对押韵和平仄的认识，于是先贤们制定了统一的韵书。哪些字属于平声，哪些字属于仄声，每个字在音韵上具体归属哪个部类，都在韵书里列出来，做出了统一的硬性的规定。尽管其中可能有不完全合理的地方，但有个统一的规定仍是非常重要和必要的，总比没有统一规定好。最初，这些规定是基本符合当时口语的。早在隋以前的六朝时代，就有李登、吕静、夏侯该等人写韵书，但个人著作没有权威性，不被公认。后来隋朝的陆法言著《切韵》，被唐朝的科举所采用，用作判卷的准绳，经稍修改后称《唐韵》，成了皇家认可的音韵规范。从此，一致公认的权威性的规则被确立起来。宋朝在《唐韵》基础上又颁诏修韵，主要是增字加注，改称《广韵》。宋末金代，官方对《广韵》又做了一些修订，使之进一步完善。修订后的韵书最初刊行于“平水”（今山西临汾市）这个地方，世称《平水韵》，“平水韵”一词始见于金王文郁《平水新刊礼部韵略》，也就是明清以后一般所说的“诗韵”，一直延续下来。最早的《平水韵》韵书，现在已经难见到了。清代以后人们写诗时所用的韵书主要是依据《佩文诗韵》《诗韵集成》《诗韵合璧》等，这些韵书都是在《平水韵》基础上重新编纂颁布的，都属于“平水韵”类，因此人们习惯上依旧把它们称作平水韵。

词韵源于诗韵，但比诗韵要宽松得多。唐宋时期，人们填词用韵是相对比较自由的，主要是依据当时的语音入韵，也有以方音入韵的。虽然据考证当时可能有为填词使用的韵书，但由于当时的人们对于词韵韵书就像我们今天会讲普通话的人们抱着一本“新韵韵书”差不多，没有什么太大的作用，何况填词还可以使用方言入韵，自然作用就更小了，于是久而久之，那些韵书也就渐渐亡佚了。宋之后，人们基本上还是沿用唐宋音作为填词用韵的标准，也有沿用方音入韵习惯的，但一直没有通用的词韵韵书。这种状况一直延续到明末清初，才有了第一部专为填词所用的韵书，即沈谦编纂的《词韵》。后来，相继又有几部词韵韵书出现。由于词不像诗一样是科举考试的科目，所以这些韵书并不具“官颁”性质，缺乏法定性，故而词人们填词也就没有像遵守平水韵类的诗韵书那样严格。总之，词的用韵没有近体诗规范，与近体诗相比要相对自由一些。现在填词所通行的《词林正韵》，是清中叶道光年间由戈载编纂的。这部韵书实际上与唐宋人作品的用韵情况有不小的出入，但由于这部韵书是以平水韵为基础，将106部合并成19部，所以也就逐渐为词人们所接受，一直沿用至今。《词林正韵》共分19个韵部，其中舒声部（平、上、去）14部，入声部5部。然而《词林正韵》用《集韵》标目，分目繁多，且标目多有僻字，不便使用。后经张珍怀参考近代著名词学大师龙榆生所著之《唐宋词格律》，删去僻字，并以检韵为便改用比较通行的《诗韵》进行标目，形成“简编”。但仍袭《词林正韵》分部之法，分为19部。

2. 韵目表

本韵目表采自《词韵简编》。实际上对此韵目只需大体了解一下，不必硬记。

第一部

平声：一东二冬通用

【一东】东同童僮铜桐峒筒瞳中衷忠盅虫冲终忡崇嵩菘戎绒弓躬宫穹融雄熊穷冯风枫疯丰充隆窿空公功工攻蒙濛朦瞢笼胧栊咙聋珑砻泷蓬篷洪荭红

虹鸿丛翁嗡匆葱聪骢通棕烘崆

【二冬】冬咚彤农侬宗淙锺钟龙茏舂松淞冲容榕蓉溶庸佣慵封胸凶匈汹雍邕痈浓脓重从逢缝峰锋丰蜂烽葑纵踪茸蛩邛筇跫供蚣喁

仄声：上声一董二肿

去声一送二宋通用

【一董】董懂动孔总笼拢桶捅蓊蠓汞

【二肿】肿种踵宠垅拥冗重冢捧勇甬踊涌俑蛹恐拱竦悚耸巩怂奉

【一送】送梦凤洞众瓮贡弄冻痛栋恸仲中粽讽空控哄赣

【二宋】宋用颂诵统纵讼种综俸供从缝重共第二部

平声：三江七阳通用

【三江】江缸窗邦降双泷庞撞豇扛杠腔梆桩幢蛩

【七阳】阳扬杨洋羊徉佯芳妨方坊防肪房亡忘望忙茫芒妆庄装奘香乡湘厢箱镶芗相襄骧光昌堂唐糖棠塘章张王常长裳凉粮量梁粱良霜藏肠场尝偿床央鸯秧殃郎廊狼榔踉浪浆将疆僵姜缰舫娘黄皇遑惶徨煌仓苍舱沧伤殇商帮汤创疮强墙樯嫱蔷康慷囊狂糠冈刚钢纲匡筐荒慌行杭航桁翔详祥庠桑彰璋漳獐猖倡凰邙臧赃昂丧阊羌枪锵抢蜣跄篁簧璜潢攘瓤亢吭旁傍孀骦当裆珰铛泱炀蝗隍怏肓汪鞅滂螂伧缃琅颃怅螳

仄声：上声三讲二十二养去声三绛二十三漾通用

【三讲】讲港项棒蚌耩

【二十二养】养痒象像橡仰朗桨奖蒋敞鹙厂枉往颡强惘两曩丈杖仗响掌党想鲞榜爽广享向飨幌莽纺长网荡上壤赏仿罔谠倘魍魉谎蟒漭嗓盎恍脏吭沆慷襁镪抢肮犷

【三绛】绛降巷撞戆

【二十三漾】漾上望相将状帐唱让浪酿旷壮放向忘仗畅量葬匠障瘴谤尚涨饷样藏舫访觃嶂当抗桁妄怆宕怅创酱况亮傍丧恙谅胀鬯脏吭砀伉圹纩桄挡旺炕亢阆防

第三部

平声：四支五微八齐十灰（半）通用

【四支】支枝肢移簃为垂吹陂碑奇宜仪皮儿离施知驰池规危夷师姿迟龟眉悲之芝时诗棋旗辞词期祠基疑姬丝司葵医帷思滋持随痴维卮麾墀弥慈遗肌脂雌披嬉尸狸炊湄篱兹差疲茨卑亏蕤骑歧岐谁斯澌私窥熙欺疵赀羁彝髭颐资糜饥衰锥姨夔祗涯伊追缁萁箕治尼而推匙陲魑锤缡璃骊羸帔罴縻蘼脾芪畸牺

羲曦欹漪猗崎崖萎筛狮蛳鸥绥虽粢瓷椎饴嫠痍惟唯机耆逵岿丕毗枇貔楣霉辎蚩嗤媸飔坩莳鲥嬀笞漓怡贻禧噫其琪祺麒嶷螭栀鹂累踟琵嵋

【五微】微薇晖辉徽挥韦围帏违闱霏菲妃飞非扉肥威祈畿机几讥玑稀希衣依归饥矶欷诽绯晞葳巍沂圻颀

【八齐】齐黎犁梨妻萋凄堤低题提蹄啼鸡稽兮倪霓西栖犀嘶撕梯鼙赍迷泥溪蹊圭闺携畦嵇跻奚脐醯黧蠡醍鹈奎批砒睽荑篦齑藜猊鲵羝

【十灰（半）】灰恢魁隈回徊槐梅枚玫媒煤雷颓崔催摧堆陪杯醅嵬推诙裴培盔偎煨瑰茴追胚徘坯桅傀儡莓

仄声：上声四纸五尾八荠十贿（半）

去声四寘五未八霁九泰（半）十一队（半）通用

【四纸】纸只咫是靡彼毁委诡髓累技绮觜此泚蕊徙尔弭婢侈弛豕紫旨指视美否痞兕几姊比水轨止徵市喜已纪跪妓蚁鄙晷子仔梓矢雉死履垒癸趾址以已似耜祀史驶耳使里理李起杞圯跂士仕俟始齿矣耻麂枳峙鲤迩氏玺巳滓苡倚匕迤逦旖旎舣蚍秕芷拟你企诔捶屣棰揣豸祉恃

【五尾】尾苇鬼岂卉几伟斐菲匪篚娓悱榧韪炜虺玮虮

【八荠】荠礼体米启陛洗邸底抵弟坻柢涕悌济澧醴诋眯娣棨递昵睨蠡

【十贿（半）】贿悔罪馁每块汇猥璀磊蕾傀儡腿

【四寘】寘置事地意志思泪吏赐自字义利器位戏至次累伪寺瑞智记异致备肆翠骑使试类弃饵媚鼻易辔坠醉议翅避笥帜炽粹莳谊帅厕寄睡忌贰萃穗二臂嗣吹遂恣四骥季刺驷寐魅积被懿觊冀愧匮恚馈蒉篑柜暨庇豉莉腻秘比鸷嵫啻示嗜饲伺遗薏祟值惴屣眦詈企渍譬跛挚燧隧悴尿稚雉莅悸肄泌识侍踬为

【五未】未味气贵费沸尉畏慰蔚魏纬胃汇谓渭卉讳毅既衣蜚溉翡诽

【八霁】霁制计势世丽岁济第艺惠慧币弟滞际涕厉契敝弊毙帝蔽髻锐戾裔袂系祭卫隶闭逝缀翳替细桂税婿例誓筮蕙诣砺励瘗噬继脆睿毳曳蒂睇妻递逮蓟蚋薜荔唳捩粝泥媲嬖彗睥睨剂嚏谛缔剃屉悌俪锲贳掣羿棣蟪薤娣说赘憩鳜彘呓谜挤

【九泰（半）】会旆最贝沛霈绘脍荟狈侩桧蜕酹外兑

【十一队（半）】队内辈佩退碎背秽对废悔诲晦昧配妹喙溃吠肺耒块碓刈悖焙淬敦

第四部

平声：六鱼七虞通用

【六鱼】鱼渔初书舒居裾琚车渠蕖余予誉舆胥狙锄疏蔬梳虚嘘墟徐猪闾

庐驴诸储除滁蜍如畲淤好苴菹沮徂龉茹榈於祛蘧疽蛆醵纾樗躇欤据

【七虞】虞愚娱隅无芜巫于衢癯瞿氍儒襦濡须需朱珠株诛铢蛛殊俞瑜榆愉逾渝窬谀腴区躯驱岖趋扶符凫芙雏敷麸夫肤纡输枢厨俱驹模谟摹蒲逋胡湖瑚乎壶狐弧孤辜姑觚菰徒途涂荼图屠奴吾梧吴租卢鲈炉芦颅垆蚨孥帑苏酥乌污枯粗都茱侏姝禺拘喁踽桴俘臾萸吁滹瓠糊醐呼沽酤泸舻轳鸬驽匍葡铺菟诬呜迂盂竽趺毋孺酴鸪骷刳蛄晡蒱葫呱蝴劬殂猢郛孚

仄声：上声六语七麌

去声六御七遇通用

【六语】语圉圄吕侣旅杼伫与予渚煮暑鼠汝茹黍杵处贮女许拒炬距所楚础阻俎沮叙绪序屿墅巨去苣举讵溆浒钜醑咀诅苎抒楮

【七麌】麌雨宇舞府鼓虎古股贾估土吐圃庾户树煦诩努辅组乳弩补鲁橹睹腐数簿竖普侮斧聚午伍釜缕部柱矩武五苦取抚浦主杜坞祖愈堵扈父甫禹羽怒腑拊俯罟赌卤姥鹉拄莽栩窭脯妩庑否麈褛篓偻酤牡谱怙肚踽虏拏诂瞽牯羖祜沪雇仵缶母某亩蛊虓

【六御】御处去虑誉署据驭曙助絮著箸豫恕与遽疏庶预语踞倨薂淤锯觑狙翥薯

【七遇】遇路辂赂露鹭树度渡赋布步固素具务雾骛数怒附兔故顾句墓慕暮募注住注驻炷祚裕误悟寤戍库护屦诉妒惧趣娶铸绔傅付谕喻妪芋捕哺互孺寓赴冱吐污恶晤煦酤讣仆赙驸婺锢蛀飓怖铺塑愫蠹溯镀璐雇瓠迕妇负阜副醋措

第五部

平声：九佳（半）十灰（半）通用

【九佳（半）】佳街鞋牌柴钗差崖涯偕阶皆谐骸排乖怀淮豺侪埋霾斋槐睚崽楷秸揩挨俳

【十灰（半）】开哀埃台苔抬该才材财裁栽哉来莱灾猜孩徕骀胎唉垓挨皑呆腮

仄声：上声九蟹十贿（半）

去声九泰（半）十卦（半）十一队（半）通用

【九蟹】蟹解洒楷拐矮摆买骇

【十贿（半）】海改采彩在宰醢铠恺待殆怠乃载凯（门岂）倍蓓迨亥

【九泰（半）】泰太带外盖大濑赖籁蔡害蔼艾丐奈柰汰癞霭

【十卦（半）】懈廨邂隘卖派债怪坏诫戒界介芥械薤拜快迈败稗晒澅湃寨疥届蒯篑蒉喟聩块惫

【十一队（半）】塞爱代载态菜碍戴贷黛概岱溉慨耐在鼐玳再袋逮埭赉赛忾暧咳嗳睐

第六部

平声：十一真十二文十三元（半）通用

【十一真】真因茵辛新薪晨辰臣人仁神亲申身宾滨槟缤邻鳞麟珍瞋尘陈春津秦频蘋颦濒银垠筠巾困民岷泯珉贫莼淳醇纯唇伦轮沦抡匀旬巡驯钧均榛遵循甄宸纶椿鹑嶙辚磷呻伸绅寅姻荀询峋氤恂嫔彬皴娠闽纫湮肫逡菌臻豳

【十二文】文闻纹蚊云分氛纷芬焚坟群裙君军勤斤筋勋薰曛醺芸耘芹欣氲荤汶汾殷雯贲纭昕熏

【十三元（半）】魂浑温孙门尊存敦墩炖暾蹲豚村屯囤盆奔论昏痕根恩吞荪扪裈昆鲲坤仑婚阍髡馄喷狲饨臀跟瘟飧

仄声：上声十一轸十二吻十三阮（半）

去声十二震十三问十四愿（半）通用

【十一轸】轸敏允引尹尽忍准隼笋盾闵悯菌蚓牝殒紧蠢陨哂诊疹赈肾蜃膑黾泯窘吮缜

【十二吻】吻粉蕴愤隐谨近忿抆刎揾槿瑾恽韫

【十三阮（半）】混棍阃悃捆衮滚鲧稳本畚笨损忖囤遁很沌恳垦龈

【十二震】震信印进润阵镇刃顺慎鬓晋骏闰峻衅振俊舜赆吝烬讯仞迅汛趁衬仅觐蔺浚赈龀认殡摈缙躏廑谆瞬韧浚殉馑

【十三问】问闻运晕韵训粪忿酝郡分紊愠近抆拚奋郓捃靳

【十四愿（半）】论恨寸困顿遁钝闷逊嫩溷诨巽褪喷艮揾

第七部

平声：十三元（半）十四寒十五删一先通用

【十三元（半）】元原源沅鼋园袁猿垣烦蕃樊喧萱暄冤言轩藩媛援辕番繁翻幡璠鸳鹓蜿湲爰掀燔圈谖

【十四寒】寒韩翰丹单安鞍难餐檀坛滩弹残干肝竿阑栏澜兰看刊丸完桓纨端湍酸团攒官观鸾銮峦冠欢宽盘蟠漫叹邯郸摊玕拦珊狻鼾杆蹒姗殚箪瘅谰獾倌棺剜潘拚槃般蹒瘢磐瞒谩馒鳗钻抟邗汗

【十五删】删潸关弯湾还环鬟寰班斑蛮颜奸攀顽山闲艰间悭患孱潺擐圜菅般颁鬘疝讪斓娴鹇鳏殷纶

【一先】先前千阡笺天坚肩贤弦烟燕莲怜连田填巅鬈宣年颠牵妍研眠渊涓捐娟边编悬泉迁仙鲜钱煎然延筵毡旃蝉缠廛联篇偏绵全镌穿川缘鸢旋船涎

鞭专圆员乾虔愆权拳椽传焉嫣鞯褰搴铅舷跹鹃筌痊诠悛（檀木换辶）禅婵躔颛燃涟琏便翩骈癫阗钿沿蜒胭芊鳊胼滇佃畋咽湮狷蠲蔫骞膻扇棉拴荃籼砖挛儇欢璇卷扁单溅犍

仄声：上声十三阮（半）十四旱十五潸十六铣

去声十四愿（半）十五翰十六谏十七霰通用

【十三阮（半）】阮远晚苑返反饭偃蹇琬沅宛婉畹菀蜿绻巘挽堰

【十四旱】旱暖管琯满短馆缓盥碗懒伞伴卵散伴诞罕瀚断侃算款但坦袒纂缎拌懑谰莞

【十五潸】潸眼简版板阪盏产限绾柬拣撰馔赧皖汕铲羼楝栈

【十六铣】铣善遣浅典转衍犬选冕辇免展茧辨篆勉剪卷显饯践喘藓软蹇演兖件腆跣缅缱鲜殄扁匾蚬岘畎燹隽键变泫癣阐颤膳鳝舛娩辗（檀木换辶）脔辫捻

【十四愿（半）】愿怨万饭献健建宪劝蔓券远侃键贩畈曼挽瑗媛圈

【十五翰】翰瀚岸汉难断乱叹观干散旦算玩烂贯半案按炭汗赞漫冠灌爨窜幔粲灿璨换焕唤涣悍弹惮段看判叛绊鹳伴畔锻腕惋馆盰捍疸但罐盥婉缎缦侃蒜钻谰

【十六谏】谏雁患涧间宦晏慢盼篆栈惯串绽幻瓣苋办谩讪铲绾孪篡裥扮

【十七霰】霰殿面县变箭战扇煽膳传见砚院练链燕宴贱馔荐绢彦掾便眷倦羡奠遍恋啭眩钏倩卞汴片禅谴溅饯善转卷甸电咽茜单念眄淀靛佃钿镟漩拣缮现狷炫绚绽线煎选旋颤擅缘撰唁谚媛忭弁援研

第八部

平声：二萧三肴四豪通用

【二萧】萧箫挑貂刁凋雕迢条髫调蜩枭浇聊辽寥撩寮僚尧宵消霄绡销超朝潮嚣骄娇蕉焦椒饶硝烧遥徭摇谣瑶韶昭招镳瓢苗猫腰桥乔娆妖飘逍潇鸮骁祧鷦鹩缭獠嘹夭幺邀要姚樵谯憔标飚嫖漂剽佻龆苕岧噍哓跷侥了魈峣描钊轺桡铫鹞翘枵侨窑礁

【三肴】肴巢交郊茅嘲钞包胶苞梢姣庖匏坳敲胞抛蛟崤鸡鞘抄蝥咆哮凹淆教跑艄捎爻咬铙茭炮泡鲛刨抓

【四豪】豪劳毫操髦绦刀萄猱褒桃糟旄袍挠蒿涛皋号陶鳌曹遭羔糕高搔毛艘滔骚韬缫膏牢醪逃濠壕饕洮淘叨啕篙熬遨翱嗷臊嗥尻麈螯獒敖牦漕嘈槽掏唠涝捞痨芼

仄声：上声十七筱十八巧十九皓

去声十八啸十九效二十号通用

【十七筱】筱小表鸟了晓少扰绕绍杪沼眇矫皎杳窈窕袅挑掉肇缥缈渺淼茑赵兆缴缭夭悄舀侥蓼娆硗剿晁藐秒殍了

【十八巧】巧饱卯狡爪鲍挠搅绞拗咬炒吵佼姣昴茆獠

【十九皓】皓宝藻早枣老好道稻造脑恼岛倒祷捣抱讨考燥扫嫂保鸨稿草昊浩镐杲缟槁堡皂瑙媪燠祆懊葆褓毛澡套涝蚤拷栲

【十八啸】啸笑照庙窍妙诏召邵要曜耀调钓吊叫眺少诮料疗潦掉峤徼跳嘹漂镣廖尿肖鞘悄峭哨俏醮燎鹩鹞轿骠票铫

【十九效】效教貌校孝闹豹罩棹觉较窖爆炮泡刨稍钞拗敲淖

【二十号】号帽报导操盗噪灶奥告诰到蹈傲暴好劳躁造冒悼倒燥犒靠懊瑁燠耄糙套纛潦耗

第九部

平声：五歌（独用）

【五歌】歌多罗河戈阿和波科柯陀娥蛾鹅萝荷何过磨螺禾珂蓑婆坡呵哥轲沱鼍拖驼跎佗颇峨俄摩么娑莎迦疴苛蹉嵯驮箩逻锣哪挪锅诃窠蝌髁倭涡窝讹陂鄱皤魔梭唆骡挼靴痾搓哦瘥酡

仄声：上声二十哿

去声二十一个通用

【二十哿】哿火舸亸舵我拖娜荷可左果裹朵锁琐堕惰妥坐裸跛颇夥颗祸棰婀逻卵那坷爹簸叵垛哆硪么峨

【二十一个】个贺佐大饿过座和挫课唾播破卧货簸轲驮髁磋作做剁磨懦糯缚锉挼些

第十部

平声：九佳（半）六麻通用

【九佳（半）】佳涯娲蜗蛙娃哇

【六麻】麻花霞家茶华沙车牙蛇瓜斜邪芽嘉瑕纱鸦遮叉奢涯巴耶嗟遐加笳赊槎差蟆骅虾葭袈裟砂衙呀琶耙芭杷笆疤爬葩些佘鲨查楂渣爹挝咤拿椰珈跏枷迦痂茄桠丫哑划哗夸胯抓洼呱

仄声：上声二十一马

去声十卦（半）二十二祃通用

【二十一马】马下者野雅瓦寡社写泻夏也把厦惹冶贾假且玛姐舍喏赭洒椵剐打耍那

【十卦（半）】卦挂画

【二十二祃】祃驾夜下谢榭罢夏霸暇灞嫁赦籍假蔗化舍价射骂稼架诈亚麝怕借卸帕坝靶鹧贳炙嗄乍咤诧侘罅吓娅哑讶迓华桦话胯跨衩柘

第十一部

平声：八庚九青十蒸通用

【八庚】庚更羹盲横觥彭亨英烹平枰京惊荆明盟鸣荣莹兵兄卿生甥笙牲擎鲸迎行衡耕萌甍宏闳茎罂莺樱泓橙争筝清情晴精睛菁晶旌盈楹瀛嬴赢营婴缨贞成盛城诚呈程酲声征正轻名令并倾萦琼峥嵘撑粳坑铿撄鹦黥蘅澎膨棚浜坪苹钲伧檠嘤轰铮狰宁狞瞪绷怦璎砰氓鲭侦柽蛏茔赪茕赓黉瞠

【九青】青经泾形陉亭庭廷霆蜓停丁仃馨星腥醒惺俜灵龄玲铃伶零听冥溟铭瓶屏萍荧萤荣扃垧蜻硎苓聆瓴翎娉婷宁暝瞑螟猩钉疔叮厅町泠棂囹羚蛉咛型邢

【十蒸】蒸烝承丞惩澄陵凌绫菱冰膺鹰应蝇绳升缯凭乘胜兴仍兢矜征称登灯僧憎增曾矰层能朋鹏肱薨腾藤恒罾崩滕誊崚嶒絙塍冯症簦瞢凝棱楞

仄声：上声二十三梗二十四迥

去声二十四敬二十五径通用

【二十三梗】梗影景井岭领境警请饼永骋逞颖颍顷整静省幸颈郢猛丙炳杏秉耿矿冷靖哽绠荇艋蜢皿儆悻婧阱狰靓惺打瘿并犷眚憬鲠

【二十四迥】迥炯茗挺艇梃醒酩酊并等鼎顶肯拯謦到溟

【二十四敬】敬命正令证性政镜盛行圣咏姓庆映病柄劲竞靓净竟孟诤更并聘硬炳泳迸横摒阱檠迎郑獍

【二十五径】径定听胜罄磬应赠乘佞邓证秤称莹孕兴剩凭迳甑宁胫暝钉订饤锭謦泞瞪蹭蹬亘镫滢凳磴泾

第十二部

平声：十一尤（独用）

【十一尤】尤邮优尤流旒留骝榴刘由油游猷悠攸牛修羞秋周州洲舟酬雠柔俦畴筹稠丘邱抽瘳遒收鸠搜驺愁休囚求裘仇浮谋牟眸侔矛侯喉猴讴鸥楼陬偷头投钩沟幽纠啾楸蚯踌绸惆勾娄琉疣犹邹兜呦咻貅球蜉蝣犄帱阄瘤硫浏庥湫泅酋瓯啁飕鳌篌抠篝诌骰偻沤蝼髅搂欧彪掊虬揉蹂抔不瓿缪

仄声：上声二十五有

去声二十六宥通用

【二十五有】有酒首口母妇後柳友斗狗久负厚手叟守否右受牖偶走阜九

后咎薮吼帚垢舅纽藕朽臼肘韭亩剖诱牡缶酉苟丑糗扣叩某莠寿绶玖授蹂揉溲纣钮扭呕殴纠耦掊瓿拇姆擞绺抖陡蚪篓黝赳取

【二十六宥】宥候就售寿秀绣宿奏兽漏富陋狩昼寇茂旧胄宙袖岫柚覆复救厩臭佑右囿豆饾窦瘦漱咒究疚谬皱逅嗅遘溜镂逗透骤又侑幼读堠仆副锈鹫绉味灸籀酎诟蔻僦构扣购彀戊懋贸袤嗽凑鼬甃沤

第十三部

平声：十二侵（独用）

【十二侵】侵寻浔临林霖针箴斟沈心琴禽擒衾钦吟今襟金音阴岑簪壬任歆森禁祲喑琛涔骎参忱淋妊掺参椹郴芩檎琳愔蟫喑黔嵚

仄声：上声二十六寝

去声二十七沁通用

【二十六寝】寝饮锦品枕审甚廪衽稔凛懔沈朕荏婶沈葚禀噤谂怎恁饪覃

【二十七沁】沁饮禁任荫浸谮谶枕噤甚鸩赁喑渗窨妊

第十四部

平声：十三覃十四盐十五咸通用

【十三覃】覃潭参骖南楠男谙庵含涵函岚蚕探贪耽眈龛堪谈甘三酣柑惭蓝担簪谭昙坛婪戡颔痰篮褴蚶憨泔聃邯蟫

【十四盐】盐檐廉帘嫌严占髯谦奁纤签瞻蟾炎添兼缣沾尖潜阎镰黏淹钳甜恬拈砭詹蒹歼黔钤佥觇崦渐鹣腌襜阉

【十五咸】咸函缄岩谗衔帆衫杉监凡馋芟搀喃嵌掺巉

仄声：上声二十七感二十八俭二十九豏

去声二十八勘二十九艳三十陷通用

【二十七感】感览揽胆澹啖坎惨敢颔撼毯糁湛菡萏罱椠喊嵌橄榄

【二十八俭】俭焰敛险检脸染掩点簟贬冉苒陕谄俨闪剡忝琰奄歉芡崭堑渐罨捡崦玷

【二十九豏】豏槛范减舰犯湛巉斩黯范

【二十八勘】勘暗滥啖担憾暂三绀憨澹瞰淡缆

【二十九艳】艳剑念验堑赡店占敛厌焰垫欠僭酽潋滟俺砭坫

【三十陷】陷鉴泛梵忏赚蘸嵌站馅

第十五部

入声：一屋二沃通用

【一屋】屋木竹目服福禄谷熟肉族鹿漉腹菊陆轴逐苜蓿宿牧伏夙读犊渎

牍椟黩縠复粥肃碌骕鬻育六缩哭幅斛戮仆畜蓄叔淑倏独卜馥沐速祝麓辘镞蹙筑穆睦秃縠覆辐瀑郁舳掬踘蹴踘茯袱鹏鸲髑槲扑匐簌蔟煜复蝠菔孰塾矗竺曝鞠嗾谡簏国副

【二沃】沃俗玉足曲粟烛属录辱狱绿毒局欲束鹄蜀促触续浴酷躅褥旭欲笃督赎渌纛碡北瞩嘱勖溽缛梏

第十六部

入声：三觉十药通用

【三觉】觉角桷榷岳乐捉朔数卓啄琢剥驳雹璞朴壳确浊擢濯渥幄握学龌龊槊搦镯喔邈荦

【十药】药薄恶作乐落阁鹤爵弱约脚雀幕洛壑索郭错跃若酌托削铎凿箔鹊诺萼度橐钥龠瀹着著虐掠获泊搏藿嚼勺谑廓绰霍镬莫箨缚貉各略骆寞膜鄂博昨柝格拓铄铄烁灼疟蒻箬芍踖却噱矍攫醵踱魄酪络烙珞膊粕簿柞漠摸酢怍涸郝垩谔鳄噩锷颚缴扩椁陌

第十七部

入声：四质十一陌十二锡十三职十四缉通用

【四质】质日笔出室实疾术一乙壹吉秩率律逸佚失漆栗毕恤密蜜桔溢瑟膝匹述黜弼跸七叱卒虱悉戌嫉帅蒺侄踬怵蟋筚篥必泌荜秫栉唧帙溧谧昵轶聿诘耋垤捽茁鷸鹬窒苾

【十一陌】陌石客白泽伯迹宅席策册碧籍格役帛戟璧驿麦额柏魄积脉夕液尺隙逆画［动词］百辟赤易革脊翮屐获适索厄隔益窄核舄掷责坼惜癖僻掖腋释译峄择摘弈奕迫疫昔赫瘠谪亦硕貊跖鹡碛蹐只炙踯斥穸鬲骼舶珀吓磔拆喀蚱舴剧檗擘栅啧帻箦扼划蜴辟帼蝈刺嵴汐藉螫蓦摭襞虢哑绎射

【十二锡】锡壁历枥击绩勣笛敌滴镝檄激寂觌溺觅狄荻幂戚鷁涤的吃沥雳霹惕剔砾翟籴倜析晰淅蜥劈甓嫡铄栎阒药踢迪皙裼逖蜆阒汨

【十三职】职国德食蚀色力翼墨极殛息熄直值得北黑侧贼饰刻则塞式轼域蜮殖植敕亟棘惑忒默织匿慝亿忆臆薏特勒肋幅仄昃稷识逼克即唧弋拭陟恻测翊洫啬穑鲫抑或匐

【十四缉】缉辑戢立集邑急入泣湿习给十拾袭及级涩楫粒汁蛰执笠隰汲吸絷挹浥悒岌熠葺什芨廿揖煜歙笈圾褶翕

第十八部

入声：五物六月七曷八黠九屑十六叶通用

【五物】物佛拂屈郁乞掘吃讫绂弗勿迄不怫绋沸茀厥倔欻崛尉蔚契屹熨绂

【六月】月骨发阙越谒没伐罚卒竭窟笏钺歇突忽袜曰阀筏鹘厥蹶蕨殁橛掘核蝎勃渤悖孛揭碣粤樾鳜脖饽鹁捽猝惚兀讷羯凸咄矻

【七曷】曷达末阔钵脱夺褐割沫拔葛闼渴拨豁括抹遏挞跋撮泼秣掇聒獭刺喝磕蘖瘌袜活鸹斡怛钹捋

【八黠】黠拔八察杀刹轧戛瞎刮刷滑辖铩猾捌叭札扎帕茁鹘揠萨捺

【九屑】屑节雪绝列烈结穴说血舌洁别缺裂热决铁灭折拙切悦辙诀泄锲咽轶噎彻澈哲鳖设啮劣玦截窃孽浙孑桔颉拮撷揭褐缬碣挈抉亵薛拽爇冽瞥迭跌阅餮耋垤捏页阕觖谲夬撇蹩篾楔慑辍啜缀撤绁杰桀涅霓批

【十六叶】叶帖贴牒接猎妾蝶叠箧惬涉鬣捷颊楫聂摄慑镊蹑协侠荚挟铗浃睫厌靥蹀躞燮摺辄婕谍堞霎嗫喋碟鲽捻晔躐笈

第十九部

入声：十五合十七洽通用

【十五合】合塔答纳榻阁杂腊匝阖蛤衲沓鸽踏拓拉盍塌咂盒卅搭褡飒磕榼遢蹋蜡溘邋趿

【十七洽】洽狭峡法甲业邺匣压鸭乏怯劫胁插锸押狎夹恰蛱硖掐劄袷眨胛呷歃闸霎

说明：

① 词韵大致分三类，即平声韵、上去声韵和入声韵。

② 词韵共分19部。每一部都包含诗韵中的若干个韵。如第一部的平声韵，在诗韵中分为“东”韵和“冬”韵两类，在词韵中进行了归并。

③ 在今天看来是同韵的一些字，在旧韵中可能属于不同的韵部。比如“东”“冬”二字，在旧韵中就分属两个韵部，估计它们在最初的时候读音是有区别的，只是后来随着语言的变化混而为一而已。

五、词的用韵规则

词的押韵方式主要分为两种，即一韵到底和中途换韵。

1. 一韵到底

一首词，整篇只押一个韵部，且一韵到底，或押平声韵（如《浣溪沙》），或押仄声韵（如《玉楼春》），中间不换韵，也不平仄通押。这在词中居大多数。押韵共有两种情况：

（1）平韵格。全词在韵脚通押平声韵，要一韵到底，中间不能换其他韵，与近体诗相同。如《十六字令》《南歌子》《浪淘沙》《鹧鸪天》《水调歌头》《一剪梅》《沁园春》《六州歌头》等，都是一平韵押到底。

（2）仄韵格。押仄韵也是一韵到底，同一韵部的上声和去声，可以通押，而入声一般是单独使用的。《渔家傲》《如梦令》《卜算子》《忆秦娥》《蝶恋花》《青玉案》《天香》《满江红》《念奴娇》《莺啼序》等词牌，都是一仄韵押到底。如范仲淹《渔家傲》：

塞下秋来风景异，衡阳雁去无留意。四面边声连角起。千嶂里，长烟落日孤城闭。

浊酒一杯家万里，燕然未勒归无计。羌管悠悠霜满地。人不寐，将军白发征夫泪。

2. 中途换韵

即一首多韵，都是平仄互见，叫作“夹协”。换韵共有三种情况：

（1）平仄韵通叶格，即换韵不换部，是在同一韵部中平仄声字互相押韵。《西江月》《醉翁操》《渡江云》《曲玉管》《戚氏》等，都是同韵部中的平仄声互押。如南宋辛弃疾的《西江月》：

明月别枝惊鹊，清风半夜鸣蝉。稻花香里说丰年，听取蛙声一片。

七八个星天外，两三点雨山前。旧时茅店社林边，路转溪桥忽见。

“蝉”“年”“前”“边”四平韵，与“片”“见”二仄韵，都同在第七部。

（2）平仄韵转换格，即换韵又换部。不同韵部的平仄声，转换词调也常见，其韵脚灵活而富于变化，但换韵的位置是词调规定的，不同于古体诗换韵的任意性。如《南乡子》《菩萨蛮》《清平乐》《虞美人》《减字木兰花》《调笑令》等，都是不同韵部平仄声转换着相押韵。如唐代李白的《菩萨蛮》：

平林漠漠烟如织，寒山一带伤心碧。暝色入高楼，有人楼上愁。

玉阶空伫立，宿鸟归飞急。何处是归程，长亭连短亭。

（3）平仄韵错叶格，即换韵后又回到原来韵部上。这种换韵方式为：先用平声韵，然后换到所用平声部以外的仄韵部上，最后又回到原来的平声韵上。如《荷叶杯》《诉衷情》《相见欢》《酒泉子》《定风波》《最高楼》等，都是多韵错叶格，使用多种韵，但以一韵为主，而中间杂以其他韵。如南唐李煜《相见欢》：

无言独上西楼，月如钩。寂寞梧桐深院锁清秋。剪不断，理还乱，是离愁。别是一般滋味在心头。

此词即以平韵“楼”“钩”“秋”“愁”“头”五韵为主，间入仄韵“断”“乱”二韵为宾。又如宋代苏轼的《定风波》：

莫听穿林打叶声，何妨吟啸且徐行。竹杖芒鞋轻胜马，谁怕？一蓑烟雨任平生。

料峭春风吹酒醒，微冷，山头斜照却相迎。回首向来萧瑟处，归去，也无风雨也无晴。

此词即以平韵“声”“行”“生”“迎”“晴”五韵为主，间入“马”“怕”二仄韵，“醒”“冷”二仄韵，“处”“去”二仄韵为宾。

第八节　填词要旨

一、填词规则

1. 倚谱

纵览古今词人的填词方式，可分为倚声填词、倚谱填词和倚形填词等三种。所谓倚声填词是指词人精通音律，熟知词调，按照词曲的旋律填词，早期词人多属于此；自南宋后，词人不懂音律，只能按前人作品的句式、每句的平仄格式（即词谱）填词；明清时有些词人，只取词之形表如字数、句数与古人作品相同，有时连押韵都不顾，姑且称为倚形填词。倚声填词因词牌的曲调佚失而已不可能，倚形填词有画虎类犬之嫌，词谱是填词的一种约定俗成的规范，因此，必须倚谱填词，否则就不能称之为“填词”了。

2. 合律

词律是古人对词这种文学体裁的总结和升华，能使词歌唱时优美动听，朗读时顿挫谐韵。宋代许多绝妙好词，长短错落，音韵有致，吟诵起来韵味盎然，富有节奏感，传诵千古而不辍。词律既是律，那就是规则、法则，填词时应尽最大努力去严格遵守；过于不守音律会使词失去其应有的韵味，如同现代的歌曲，虽然歌唱时很动听，但是一旦用来朗读，顿时觉得拗口——正是因为没有了格律的缘故。故此，格律是填词要过的第一关。

但另一方面，也不可将词律绝对化。词本身就是作为诗的解放者而出现的，因其相对自由而为古人所乐于运用。词律不过是后人揣度出来的产物，词的格律自唐到北宋前期还比较宽松，而北宋后期至南宋则越来越严密。古之名家同一词牌的作品，平仄几乎没有完全一样的，豪放派词人苏轼、辛弃疾等就敢于突破声律的束缚，而被所谓格律家们扣上“词不协音律”的帽子。词体本身就有多体和变调，更有谙熟音律的文人自度曲。可见，词律的相对自由是其生命力的体现，遵律过严会成为枷锁，严重束缚作者的手脚，一味追求词律从严，将会以律害意，使词的创作完全失去意义，成了文字游戏。或许，正是因为词律的逐步僵化才使得其活力逐渐褪尽。

故今人填词绝不应该因循守旧，恪守陈规。词以抒情见长，承载着喜怒哀乐，表达了壮志柔情，填词重要的是审情度意，运用音律为情意服务。如《声声慢》调在李清照以前作者多押平韵，而李清照却选押仄韵，创造了情景交融的特殊艺术效果。可见她作词必严辨音律，却又能大胆地突破陈规进行创造，而不是作茧自缚，可给我们诸多启示。

对词律的掌握绝非一蹴而就的。《词源》云：词之作必须合律，然律非易学，得之指授方可。若词人方始作词，必欲合律，恐无是理。所谓千里之程，起于足下，当渐进可也。音律所当参究，词章先宜精思。待语句妥溜，然后正之音谱，二者得兼，则可造极玄之域。杜甫诗云：“老去渐于诗律细。”诗词格律博大精深，连一代诗圣杜甫都毕生努力才逐渐精通，作为一个中学生，既不可好高骛远，也不可望而却步，应从“粗通”起步，在创作中逐步精通词律，达到“精透”。

3. 用韵

词初资弹唱，后渐吟咏，都需要追求一种婉转回环的音韵美。

诗韵是古代的统一语音方案。在唐代，诗是科举考试的项目，但由于彼时方言杂陈，语音很不规范，为避免创作出来的诗南腔北调，朝廷就按当时的官方口语制定了统一语音方案，以资作诗规范，不准出韵。可见，诗韵是唐代的“官韵”，与当时的口语基本上一致，按韵书押韵也是很和谐的。

词韵是诗韵与时俱进的产物。因词最早是筵前侑唱的游戏笔墨，古人也不甚看重，往往就用方言入韵；又由于宋代以后，语音变化较大，词人若仍按旧韵押韵，就不那么和谐了，势必要突破诗韵限制。明以后，开始有人总结宋词用韵的实际规律，编写词韵。所以，实际上是先有宋词，后有词韵。清朝道光年间，戈载编著的《词林正韵》，较为精密，为后来词界所遵用，该词韵系将平水韵合并成19部，体现了简化的发展方向。

汉语拼音是今天的统一语音方案。时至今日，汉字的读音已发生了很大的变化，若继续沿用旧的诗韵词韵，无论是创作还是欣赏均令人感到别扭，带来诸多困难，如辨韵不清，读音不准等。试想想，填词时还得带着词韵表对照查找，多不方便，兴致只会荡然无存。追根溯源，诗韵是唐代的官韵，汉语拼音就是今日之“官韵”，正如我们汉字舍“繁”就“简”，填词所倚音韵也必须化古为今，不可拘泥古韵，食古不化。因此，当代中学生不妨采用“新韵”，即以汉语拼音为音韵和平仄的依据，以《新华字典》作为新的韵书，这样，填词将更简便易学，诵词更能声情并茂，表情达意。不过须注意一点，入声在词里面，有特殊的意义，有些词牌，不使用入声字押韵，就失去原来的韵味。如《忆秦娥》就用入声为宜。因此填词时，对有特殊要求的词牌，仍用原“词韵”里的第十五部至第十九部的入声韵为宜。

当然，鉴于旧韵目前还有人在用，而且了解旧韵，对更好地理解、把握前人的作品及其作品的音律、节奏等变化是大有裨益的，不至于闹出说“陈子昂的《登幽州台歌》不押韵”的笑话来，因此学习填词时还必须了解它。这就是用韵的“用新知旧”原则。

用韵的另一原则是“押韵从宽”。词的灵魂是“情感”，细究声律会影响情感的发挥，变得毫无灵性了。清代词学家，《词林正韵》的编著者戈载填词，严格区别四声、五音，但他的词作却彻底失败，颇能说明问题。

二、填词要诀

1. 怡情养性

著名国学大师王国维曾对诗和词做了精准的比较：词之为体，要眇宜修；能言诗之所不能言，而不能尽言诗之所能言；诗之景阔，词之言长。词的句式长短参差、音韵婉转曲折，唱咏之间，意味绵长，便于表达词人的内心感受，抒发丰富的情感。“诗言志，词言情”就成了词与诗的区别，“言情”便成了词的本色。

正处于成长阶段的青少年，思想较为活跃，情感尤其丰富，喜怒哀乐、愁郁兴奋，除流行音乐能紧扣心声外，词以其高雅、蕴藉，不失为高中生抒发内心情感、舒缓学习压力的有效方式。

填词要意在笔先，情在笔先，作者有充沛的感情于内心激荡，有高旷的胸襟激扬文字，才能写出有血有肉的词作来。最忌为赋新诗强说愁，无病呻吟，肚中少笔墨，胸中无春秋，生拼硬凑，堆砌辞藻。诚如行家所云：东坡之词旷，稼轩之词豪。无二人之胸襟而学其词，犹东施之效捧心也。

2. 积淀底蕴

庄子曾说：适莽苍者，三餐而反，腹犹果然；适百里者，宿舂粮；适千里者，三月聚粮。谚语有云：熟读唐诗三百首，不会作诗也会吟。作词也须谨记：厚积方能薄发。

中学生若想填好词，应多背宋词经典，烂熟于胸，方能做到词律运用自如，词感油然而生，用典信手拈来，词藻如泉喷涌，达到“胸藏万汇凭吞吐，腹有诗书气自华”的境界。

在背诵经典古词过程中，宜挑选最常用的几十个词牌，每个词牌背诵十余首名篇佳作，通过对这些同词牌的古词进行比对、欣赏，加深对该词牌词律的了解和掌握。

在背诵经典古词过程中，还应注意知识的储备与积累。把握写景抒情、咏物言志、边塞征战、怀古咏史、即事感怀等不同类型词的特征，掌握一些必要的典故和惯用意象，如送别常用“柳”“月”“长亭”等意象，了解慷慨悲壮、雄浑苍劲、恬淡自然、雄浑壮观、悲壮苍凉、孤独冷寂等各种意境美，熟悉各种流派及主要代表人物，揣摩常见的表现手法和修辞形式。

如此坚持不懈，持之以持，锱铢积累，披沙沥金，必将如大师所言：“文章本天成，妙手偶得之。”

3. 循序渐进

诗词艺术是中华诗歌文化的结晶，是中华文明财富的瑰宝，它博大精深，凝练隽永，深为广大青少年喜爱。不少中学生词看多了，便忍不住技痒也想填，但欣赏词是一回事，动手填词却是另一回事。一代诗圣杜甫尚且“老去渐于诗律细”，可见掌握诗词之不易。因此，作为初学者，千万不能好高骛远，贪大求多，不妨先选择易填写的小令，用一词调多填几次，去与那些平仄格律磨合，偶有出律，也不必大惊小怪，在实践中不断深化对词律的认识和把握，待熟悉本词调后再学用其他词调。在有了一定经验时，可试用声律较宽的常用长调，进行练习。总之必须遵循由简到繁，由易到难，循序渐进的原则，长期坚持，比较琢磨，经过一段时间便可征服词这一精美的古典艺术形式了。

三、填词程序

词家填词，睹物见景，内心体验，情感激荡，恍如一口真气淤积于胸，往往一气贯注，盘旋而下，脱口而出，挥洒急就，浑然天成，然后适当推敲、修饰、润色即可。此处我们将这期间的思维历程，来一个慢动作似的分解，介绍作词的一般程序，供初学者参考。

1. 起意立题

填词之道，意在笔先。一种郁结的情感，在一种特定的场景下，被激活而浮想联翩，心潮澎湃，无法遏抑，灵感闪烁，不吐不快，就有了创作的强烈动机。如苏东坡立于赤壁之上高歌“大江东去”，李清照三杯愁酒入怀沉吟“人比黄花瘦”，莫不是将主体的感受，以词体的表达方式，将它化为情绪。最好选取生活中的特定场景，仅表现一点最优美的情绪、最深刻的印象、最真实的感觉。

2. 选调择韵

情感与曲调有种天然的联系，因为曲调本就是用来表达某种情感的，具有词体底蕴的人对各种词调所表达的情感相当熟悉而成为一种高度自觉，几乎是不假思索就运用了某种词调和声韵。选调应考虑所达之意与某词调之声情的吻合，而且要斟酌内容的分量，看适合小令、中调还是长调。如果内容丰富，自然应选择容量较大的长调。词韵也有特殊的表情作用。创作者应参考名篇，细心玩味。初学者最好选用宽韵，即该部所收韵字较多的，当然最好选择较熟悉的韵部。

3. 谋篇布局

小令单调，篇幅短小，无须考虑布局。对于双调，应大致确定上片与下片主要表现什么，如上片写景，下片抒情，上片叙事，下片壮怀，上片忆旧，下片写实。填写长调如《满江红》《沁园春》《贺新郎》等，因词体容量增大，尤须整体布局。这样可使作品结构谨严，脉络清晰。

词虽篇幅相对短小，但也须讲究章法，如词的起调应能做到先声夺人，结尾则应让读者意犹未尽，过片要做好转承递接，巧妙过渡。

4. 炼字用句

词的内容铺陈由词句来承担。词的句法比诗富于变化，表现力亦增强，或长短参差，跌宕起伏，或对仗工整，相映生辉，有时还要用倒叙句、不完整句等特殊句式，特别需要注意的是，要对照词谱规定的格律择好韵脚，安排好平仄。

炼字体现了一种治学精神，一个字用得好能起到画龙点睛的功效。“词之为体，要眇宜修”，创作者要善于用意象来表征现实景物。对于领字，虽多是虚字，但运用得妙，也能让多个意象有机粘连，体现了严谨的章法。

5. 推敲修改

初稿写成后，比照词谱核对，凡不合声韵之处必须改动。要检查有无重复的字和词语，尽可能换掉重复的字。表情达意不恰当之处，重新改写或调整。某些词语显得粗糙、俗气、生硬，须斟酌改动，修饰润色。

以上程序仅供初学者参考，熟练者往往将这些步骤融为一体，一气呵成。

第九节　填词技巧

填词作为一种文学创作，要体现“要眇宜修”的特征，须注意以下一些写作手法和技巧。

一、意境

诗词之道，意境为先，诗词优劣在于意境，没有意境的诗词就如同没有灵魂的行尸走肉。意境是比字的表面更深层次的思想感情。如李后主的“问君能有几多愁，恰似一江春水向东流”，一腔国破家亡之悲，欲说还休，莫不令读者掩卷长叹，深表同情。

填词作为一种艺术表现形式，与书法、绘画是相通的，都是孕蓄无限于有限，以有限体现无限。词的篇幅一般不长，最短的单调《竹枝》为14字，最长的《莺啼序》为240字，不像诗那样行数可以无限增多。词坛巨匠们挥洒其传神妙笔，成功地在这局促的画框里渲染出浩瀚无际、绵邈不尽的景象和情意，激发出读者丰富的联想、杳渺的遐思，使人读来但觉意味深长，咀嚼不尽，在时间、空间、情意方面都是无限的。如：

临江仙 ［宋］苏轼

一饮东坡醒复醉，归来仿佛三更。家童鼻息已雷鸣。敲门都不应，倚杖听江声。

长恨此身非我有，何时忘却营营？夜阑风静縠纹平。小舟从此逝，江海寄余生。

这首词寥寥数十字，平直如话，却塑造出既“长”而“阔”的无边境象。

意境是丰富多彩的，诸如慷慨悲壮、雄浑苍劲、恬淡自然、雄浑壮观、悲壮苍凉、孤独冷寂等，不同流派，不同词人，各有千秋。

词之意境还具有“寄兴深微”的特点。古今词人，大多灵心善感，酒边花下，一往情深，其感触于中者，往往凄迭怅惘，哀乐交融，于是借此要眇宜修之体，发其幽约难言之思。譬如冯延巳《蝶恋花》词：

几日行云何处去，忘了归来，不道春将暮。百草千花寒食路，香车系在谁家树。

泪眼倚楼频独语，双燕来时，陌上相逢否？撩乱春愁如柳絮，依依梦里无寻处。

读者能体其长吟远慕之怀，而有荡气回肠之感，在精美之境界中，领会人生之至理。

二、择调

词是按照乐谱填作的，所以，作词先要选择词调，即根据自己的思想感情和内容的需要，选取那些适合表达相应内容的词调。

择调的基本要求是“文情与声情相谐”，“声词相从”，词作者要选择声情与自己所要表达的情感相切合的腔调。选调得当，则其音节之抑扬高下，处处可以助发其意趣。

每个词牌有音乐的感情基调和习惯用法，如《满江红》《念奴娇》《水调歌头》三体，宜为慷慨激昂之调，《长相思》《忆江南》适于怀旧，《踏莎行》适于描写雅情，《声声慢》音调凄哀，《雨霖铃》哀怨愁绪。读者可通过诵读经典词作，细心体会，反复揣摩，掌握词调的艺术风格及其表现力。一般而言，从词调的名称就能判断出该词调所表现的情感风格，如《蝶恋花》《点绛唇》《鹊桥仙》表现男女情感，《南乡子》《破阵子》《渔家傲》表现经事劳作等，但切忌将其绝对化，望文生义，否则就会出现形式与内容乖离的毛病。如《贺新郎》是表达慷慨激昂的思想感情的，如果一见“新郎”二字，就当作庆贺新婚的词调，加以滥用也就错了；又如《寿楼春》，也不能因为其中有一个“寿”字，就认为是用以祝寿的词调，实际上恰恰相反，它的腔调是悲哀的。

古代词人欲填词，必先将许多词牌的韵律风格烂熟于胸，而后始有临时选择之能力，否则，会使写出的词滞塞难读，贻笑大方。中学生不必也不可能将所有的词调都记住，一种行之有效的方法是选择一些常见的词牌，熟记若干首著名词人的佳作，自己写作时作为参照，必要时也可以查阅词谱。

三、章法

词之章法，不外乎“起、承、转、合”。起结之处，首尾衔接；过变之处，血脉贯通；中间扼要，几许波折；振笔疾书，一气卷舒。起结之妙，在于起处须意在笔先，结处须意留言外。起处不妨用偏锋，结处最宜用重笔。

1. 起笔

词的起调、发端要“工”。犹如园林的门扉，使人一推开便能窥见佳景的一角，勾起人们一探究竟的欲望，但又不能一览无余。起笔有以下三种常用技法。

（1）造势法。起句就道出词的主旨或概括词的内容，看似平淡无奇，实则引弓待发，往往笔锋一转，便如悬崖飞瀑，一泻而下，称之为“造势”。如柳永的《望海潮》，开头颇似平直：“东南形胜，三吴都会，钱塘自古繁华。”粗笔勾勒了钱塘的轮廓，接着镜头由远而近，写全景，写江湖，写市尘，写西湖，写游客，便都有了一条贯穿的主线，使读词者不能中辍。

（2）造境法。由写景入手，先造出一个切合主题的环境，然后因景生情，依景叙事，带出词的主体部分来，称之为“造境”。如张志和的《渔歌子》，一起手先画出一幅春江静秀和平的风景画——山前飞着白鹭，水底游着鳜鱼，多么自由而恬静啊！这样的开头正是给下文以渔父自况的作者出场造成一个典型的环境，作者也用这个环境寄寓自己要求超脱现实的思想感情。

（3）造思法。先设一问，或点出题意，或造一悬念，引人深思，使人急于要看下去。然后以答语形式引出词的主体，是谓“造思”。有时，先用一个反问句，明退暗进，随即把正意推出，有如引弓发丸一般。如“庭院深深深几许？杨柳堆烟，帘幕重无数。”（欧阳修《蝶恋花》）问句平直而答语含蓄，用肠断、春归写出相思、怅恨，用柳烟、雾阁象征深院浓愁，意境比正面直陈深了许多。

2. 结语

结语又称“歇拍”“尾句”，往往是点睛之笔。结语要能收住全文，又能发人深思，留有余味。如辛弃疾的《菩萨蛮·书江西造口壁》始而痛惋人民的苦难，继而表白收复河山的急切希望，最后却说“江晚正愁予，山深闻鹧鸪”，深山中传来的阵阵“不如归去”的鸟鸣，表达作者消极苦闷，抑或是提醒自己要不懈努力，重返故园？可谓词穷意未尽，耐人寻味。

词要放得开，最忌步步相逢；又要收得回，最忌行行愈远。如苏轼的《南乡子》：

回首乱山横，不见居人只见城。谁似临平山上塔，亭亭，迎客西来送客行。

归路晚风清，一枕初寒梦不成。今夜残灯斜照处，荧荧，秋雨晴时泪不晴。

这首词的主题是送行，前半阕写送行的情景，下半阕写的是送行归后的挂念和悲伤，是抒情。结语“秋雨晴时泪不晴”的点睛之笔，把感情发泄出来，使读者感动不已。

双调的两片往往表现同一个主题的两个层次，其间必定要密切关联。关联点就在于上下两片的衔接处，即上片之结语（称为“过拍”）和下片的开头部分（称为过片），这是词的紧要处，起到承接转换之效。

3. 过拍

也叫“前结”，是指第一段意思的完结，然而在全篇来说，却只是一次短暂的停顿，须做到字面断而意脉不断，应与后结有一呼应。如秦观的《鹊桥仙》：

纤云弄巧，飞星传恨，银汉迢迢暗度。金风玉露一相逢，便胜却人间无数。

柔情似水，佳期如梦，忍顾鹊桥归路。两情若是久长时，又岂在朝朝暮暮？

前结写相逢可贵，后结写离别考验，都是围绕“坚贞爱情”铺叙，显然，后结比前结用意更深，更具有余不尽的兴味。

4. 过片

过片是词特有的章法。“承上接下”为本，“能出新意”为佳。“承”要紧密自然，“新”不可太野，走了原意。

过片的具体写法并无成规可循，如笔断意连式、突转对比式、文意并列式、总分过渡式、上问下答式等。如李清照的《渔家傲》：

天接云涛连晓雾，星河欲转千帆舞，仿佛梦魂归帝所。闻天语，殷勤问我归何处？

我报路长嗟日暮，学诗漫有惊人句，九万里风鹏正举。风休住，蓬舟吹取三山去。

上片尾句以问句作结，而下片未直接回答，委婉空灵地呼应上文。

过片无论是“承”还是“转”，都须要做到“合”，呼应上文，点明题旨，收束全词，将词人思想感情轰然托出。如李清照《菩萨蛮》，上片流露出一种娴静安然之感，过片“故乡何处是，忘了除非醉”情怀突变，由欣赏江南春日之美转入深切的思乡愁绪，语意哀伤至极，亦无奈至极。

学填词者须认真参悟古今词家名作，或颇有心得。

四、用句

词如诗一样，都是精练的语言艺术，因为要用寥寥数十字来表现丰富的景色和情感，许多句子的结构势必要压缩，最明显的就是句中谓语的缺省或不全，这类句子就是“不完全句”。如岑参《白雪歌送武判官归京》中的“中军置酒饮归客，胡琴琵琶与羌笛”，明显地省去了谓语动词（“弹奏”“吹奏”），但无损句意，反而更好地渲染了气氛，表现出送别的热烈与隆重。诗词的语言与散文存在较大的区别，不能机械地从语法结构上进行分析。

词如诗一样，也有声律的要求，因此在不损害原意的原则下，词人们常对句子的语序适当变换。如岑参《发临洮将赴北庭留别》中的“白草通疏勒，青山过武威”，依空间顺序应是“青山过武威，白草通疏勒”，意为沿着青山过了武威之后，就是枯草连天的疏勒了。或因“勒”为仄声字，根据声律要求，两句就互换了位置。

词如诗一样，也有对仗，但因词调成百上千，句式长短不一，对仗更灵活自由，表现在位置并不固定，只需相邻两句字数相同即可，平仄可相反，亦可相同，也不避同字。如苏轼的《水调歌头》“人有悲欢离合，月有阴晴圆缺”，第二字均有“有”。对于领字结构，其后两句或四句如果字数相同，一般用对仗句式。如辛弃疾《沁园春》中“似谢家子弟，衣冠磊落；相如庭户，车骑雍容”，领字“似”后“谢家子弟”对“相如庭户”，“衣冠磊落”对“车骑雍容”，就是扇面对的格式。

五、炼字

中国诗歌史上曾有贾岛“推敲”及王安石“春风又绿江南岸”的佳话，既体现了古代文学家的精益求精的治学态度，又可看出因一字而传神，诗词灵气顿生的“炼字（词）”魅力。

炼字主要有三种情况：

1. 代字。无论诗词，均属韵文，逐句逐字均有较严格的声律要求，或为避免用字重复累赘，而不得不用同义异音的字来代替。

2. 换字。词要追求清辞丽句，尤须烹炼字面，以增加词语的色泽。从换的内容看，可分为：

（1）以软换实。就是要把质实、宏大的语词换成浓丽、纤微的语词，以符合词的体性。词中所用，尤必取其轻灵细巧者。是以言天象，则“微雨”“断云”“疏星”“淡月”；言地理，则“远峰”“曲岸”“烟渚”“渔汀”；言鸟兽，则“海燕”“流莺”“凉蝉”“新雁”；言草木，则“残红”“飞絮”“芳草”“垂杨”；言居室，则“藻井”“画堂”“绮疏”“雕槛”；言器物，则“银釭”“金鸭”“凤屏”“玉钟”；言衣饰，则“彩袖”“罗衣”“瑶簪”“翠钿”；言情绪，则“闲愁”“芳思”“俊赏”“幽怀”。

（2）以新换旧。就是以新鲜之字换去陈旧的字，这有助于克服审美疲劳，以满足人们不断追求新意的愿望。例如以“霜丝”换“白发”，以“秋镜”换“秋水”，以“商素”换“秋天”，以“金镂”换“柳丝”，以“银浦”换“天河”……所换之字，均有出处，以利读者解读。如“桂华”代月色，因古传月中有桂，故周美成《解语花》词咏《上元》有“桂华流瓦”句；而古称月中有蟾蜍，诗词家遂取来为月之标志，如以“小蟾”代新月，以“嫠蟾”代孤月，以“素蟾”代白月，以“寒蟾”代凉月，以“银蟾”代明月，以“冰蟾”代冬月等。

（3）以古代今。如以“玉箫”代指有情人，因韦皋与玉箫女约七年来娶，后八年始至，玉箫已死，故史达祖悼亡词有“算玉箫犹逢韦郎”之句，此类以不便直言今人，故以古人代之；以古地代今地，张炎《甘州》词“短梦依然江表，老泪洒西州”中的“西州”源出羊昙追念谢安，不忍过西州城门，一日，羊被酒不觉至西州门，乃痛哭而去的故事。

（4）以雅换俗。词家最讲修辞，倡导婉约，以含蓄委婉地表达绵绵情思，不可太露。比如要写桃，若直言破桃，往往就显浅学俗流，而以“红雨”“刘郎”代之，方见妙处。其他如以“章台”“灞岸”代柳，以“银钩空满”表写字，“玉箸双垂”便是泪；又如以“珠斗”代北斗，因北斗七星如联珠；以“翠幄”代密叶，因陆机有“密叶成翠幄”之句；以“翠葆”“青玉旆”代新竹，葆本古时车上所张的羽盖，新竹似之，故周美成《隔浦莲近拍》词有“新篁摇动翠葆”之句；以“绣幄”代繁盛花树，则又因“翠幄”联想花多如绣，吴梦窗《宴清都》咏连理海棠词故有“绣幄鸳鸯柱”句，此以“绣幄”代海棠；又有以“鸳鸯柱”代连理树，以“双鸾”“双鸳”代绣鞋，以“丁香结”代愁结，以“秋水”代秋波，以“水佩风裳”代荷花、荷叶，以“玉龙”代玉笛等，而使词更加鲜丽。

3. 炼字。字以“炼”之，显见比“斟词遣句”更用心力，以达到精准、灵动、传神的效果。谓语动词在句中起到中心词的作用，倍受词家重视。如宋祁的《木兰花》：

东城渐觉风光好，縠皱波纹迎客棹。绿杨烟外晓寒轻，红杏枝头春意闹。
浮生长恨欢娱少，肯爱千金轻一笑。为君持酒劝斜阳，且向花间留晚照。

王国维认为“红杏枝头春意闹”中“着一‘闹’字，境界全出”，诚哉斯言！一个“闹”字，让人看到杏花绽放之热烈，联想到蜂蝶飞舞、春鸟和鸣之景象，把一派春意盎然、生气蓬勃的景色表现得淋漓尽致。可谓一字千金，诗句就变为生动形象的了。

附：为帮助初学者更好地习得词体用字，集录佳语、对句、警句供参考。

（1）词中佳语

燕娇莺姹　绿肥红瘦　笼灯燃月　醉云醒月　挑云研雪　柳昏花暝　翠阴香远　玉娇香怨

蝶凄蜂惨　柳腴花瘦　绾燕吟莺　燕昏莺晓　渔烟鸥雨　翠颦红妒　愁胭恨粉　月约星期

雨今云古　恨烟颦雨　燕窥莺认　愁罗恨绮　移红换紫　联诗换酒　选歌试舞　舞勾歌引

（2）对句

小雨分江，断云笼口　烟横山腹，雁点秋容　问竹平安，点花番次　樨柳苏晴，故溪歇雨

虚阁笼云，小帘通月　蝉碧勾花，雁红攒月　落叶霞翻，败窗风咽　风泊渡惊，露零秋冷

花匝么弦，象奁双陆　珠蹙花舆，翠翻莲额　汗粉难融，袖香新窃　种石生云，移花带月

断浦沉云，空山挂雨　画里移舟，诗边就梦　砚冻凝花，香寒散雾　系马桥空，移舟岸易

疏绮笼寒，浅云栖月　香茸沾袖，粉甲留痕　就船换酒，随地攀花　调雨为酥，催冰作水

做冷欺花，将烟困柳　巧剪兰心，偷粘草甲　罗袖分香，翠绡封泪　池面冰胶，墙腰雪老

枕覃邀凉，琴书换日　薄袖禁寒，轻妆媚晚　倒苇沙困，枯兰洲冷　绿芰擎霜，黄花招雨

紫曲迷香，绿窗梦月　暗雨敲花，柔风过柳　霜杵敲寒，风灯摇梦　盘丝击腕，巧篆垂簪

翠叶垂香，玉容消酒　金谷移春，玉壶贮暖　拥石池台，约花栏槛　问月赊情，凭春买夜

醉墨题香，闲箫弄玉　修竹凝妆，垂杨系马　帆落回潮，人归故国

（3）警句

闷来弹鹊，又搅碎一帘花影。——徐干臣《二郎神》

雁足不来，马蹄难驻，门掩一庭芳景。——徐干臣《二郎神》

尽吸西江，细斟北斗，万象为宾客。扣舷独啸，不知今夕何夕？——张孝祥《念奴娇》

寒光庭下水连天，飞起沙鸥一片。——张孝祥《西江月》

花影吹笙，满地淡黄月。——范成大《醉落魄》

凉满北窗，休共软红说。——范成大《醉落魄》

灯花结，片时春梦，江南天阔。——范成大《忆秦娥》

惟有两行低雁，知人倚画楼月。——范成大《霜天晓角》

应把花卜归期，才簪又重数。——辛弃疾《祝英台近》

是他春带愁来，春归何处？却不解将愁带去。——辛弃疾《祝英台近》

翠消香暖云屏，更那堪酒醒。——刘过《醉太平》

燕子不来花有恨，小院春深。——刘静寄《浪淘沙》

棠影下，子规声里，历尽黄昏。——洪平斋《眼儿媚》

相思无处说相思，笑把画罗小扇觅春词。——徐山民《南柯子》

妾心移得在君心，方知人恨深。——徐山民《阮郎归》

惊起半帘幽梦，小窗淡月啼鸦。——刘小山《清平乐》

千树压西湖寒碧。——姜夔《暗香》

波心荡，冷月无声。——姜夔《扬州慢》

昭君不惯胡沙远，但暗忆江南江北。——姜夔《疏影》

墙头换酒，谁问讯、城南诗客岑寂。高柳晚蝉，报西风消息。——姜夔《惜红衣》

问甚时、同赋三十六陂秋色。——姜夔《惜红衣》

冷香飞上诗句。——姜夔《念奴娇》

一般离思两销魂，马上黄昏，楼上黄昏。——刘招山《一剪梅》

絮飞春尽，天远书沉，日长人瘦。——孙惟信《烛影摇红》

临断岸，新绿生时，是落红带愁流处。记当日、门掩梨花，剪灯深夜语。——史达祖《绮罗香》

愁损玉人，日日画栏独凭。——史达祖《双飞燕》

恐凤鞋挑菜归来，万一灞桥相见。——史达祖《东风第一枝》

新愁万斛，为春瘦，却怕春知。——高竹君《金人捧露盘》

惊愁搅梦，更不管庾郎心碎。——高竹君《祝英台近》

悠悠岁月天涯醉，一分秋，一分憔悴。——张东泽《桂枝香》

六、意象

意象，就是融合了作家思想感情的客观事物。诗以言志，词以达情，词人们往往将抽象的情蕴含在一个个具体的意象上，以使情更可感悟；或者说，借助天地山川、鸟兽草木来表现情思。这体现了汉民族的含蓄特质以及古典诗词高超的表现手法。

中国古典诗词中的许多意象经过人们感情的长期积淀，有着独特的情感内涵。如送别诗词中常用“柳”“月”“长亭”等意象，抒愁写恨常用“流水”“春雨”“春草”等意象，表现志向气节常用“竹”“菊”“兰”等意象。

任何一个意象都与这个民族的历史文化、传统习俗、生活方式、心理特点等发生各种各样的联系，在历史的适应中被赋予了某些言外之意和情感色彩。如“月”，也许因为其圆且亮的美好，或者其遥不可及的神秘，往往成为人们盼望亲友团聚，表达美好祝愿，向往美好生活的寄托。李白说“我寄愁心与明月，随君直到夜郎西”，“愁心”无处可寄，只好寄予善解人意的“明月”（《闻王昌龄左迁龙标遥有此寄》）；苏轼中秋团圆之际，却无以见子由，于是许下“但愿人长久，千里共婵娟”的心愿。再如，“柳”因与“留”同音，历代文人墨客常咏柳寄情、借柳伤别；柳永的《雨霖铃·寒蝉凄切》中“杨柳岸，晓风残月”，就是借柳象，用柳典，因事缘情，随物赋形，曲折含蓄地抒发了离愁别绪，凄婉哀怨，盘缠郁结。

七、用典

词中用典，能使作品简洁、含蓄、深邃，发人情思，余韵盎然，使作品更显典雅庄重。

从用典内容看，主要有用事典和用诗词两种。

1. 用事典。即把历史故事提炼成诗句用入词中，以此来影射时事或表达思想，抒发感情。如辛弃疾《永遇乐·京口北固亭怀古》中“凭谁问：廉颇老矣，尚能饭否”，用战国时赵国名将廉颇遭小人中伤的故事，表达自己想报效国家却不被重用的悲伤之情，因不能明言，只能借古讽今。

2. 用诗词。袭用或变用前人诗词，将经过千锤百炼的艺术形象用以表达自己胸中意旨，能大大精炼语言。使用方式又可分为原句借用、改字借用、套用、句意化用以及将整首或若干首诗词隐括等形式。如辛弃疾《阮郎归·耒阳道中为张处父推官赋》：“山前灯火欲黄昏，山头来去云。鹧鸪声里数家村，潇湘逢故人。挥羽扇，整纶巾，少年鞍马尘。如今憔悴赋招魂，儒冠多误身。”该词借用了梁柳浑《江南曲》中“洞庭有归客，潇湘逢故人”以及杜甫《奉赠韦左丞丈》中“纨绔不饿死，儒冠多误身”之原句，十分贴切。张元干《贺新郎》“十年一梦扬州路”，改字借用唐杜牧《遣怀》“十年一觉扬州梦”句。辛弃疾《太常引》“斫去桂婆娑，人道清光更多”，套用杜甫《一百五日夜对月》“斫却月中桂，清光应更多”句。史达祖《绮罗香》“记当日门掩梨花，剪灯深夜语”，上半句化用李重元《忆王孙》“雨打梨花深闭门”句，下半句化用李商隐《夜雨寄北》“何当共剪西窗烛，却话巴山夜雨时”句，融合得十分自然。再如周邦彦《西河》（金陵怀古）就是隐括刘禹锡《金陵五题》中最著名的几首——《石头城》《乌衣巷》等而写成的，词句、大意都化白刘诗，却又无一句照搬原文，这种将前人整首诗或几首诗入词的手法就是隐括。

用典之法要拿捏精当，用得不好，便会把作品弄得生涩晦暗，枯燥乏味，用得过多，则有堆砌之嫌。

八、寄托

词包含着强烈的感情，这种主观的情感必须客观化，与特定的想象、理解相结合，才能产生相应的感染效果，这就是词的“寄托”。其特点是具有“言在此而意在彼”的内蕴，表面上看是写风谣里巷男女哀乐，实际上喻指贤人君子幽约怨悱不能自言之情。历代大词人正是借伤春怨别的外壳，以表现他们不便直言的政治情感。于是词境一转为深，更富深美闳约之旨，以醇厚沉着为其底色，也就更耐人咀嚼。这就是前人所谓的“寄托”。如苏东坡的《水调歌头·明月几时有》：

明月几时有？把酒问青天。不知天上宫阙，今夕是何年？我欲乘风归去，又恐琼楼玉宇，高处不胜寒。起舞弄清影，何似在人间？

转朱阁，低绮户，照无眠。不应有恨，何事长向别时圆？人有悲欢离合，月有阴晴圆缺，此事古难全。但愿人长久，千里共婵娟。

表面上看，这首词是写中秋饮宴，怀念弟弟苏辙（子由），实际上，苏轼写此词正值任职期满回京候任，但对朝廷政治情况不甚了了，因此“不知天上宫阙，今夕是何年”。“我欲乘风归去，又恐琼楼玉宇，高处不胜寒”，意谓“我虽然想回朝廷去，但又怕政治斗争会令我不能容身”。“何似在人间”，意谓我还不如以在野之身生存下去。词用寄托，表现出更深更广的情感，烘托出高妙无比的境界。

辛弃疾也是善用寄托的高手。如《摸鱼儿》：

更能消几番风雨，匆匆春又归去。惜春长恨花开早，何况落红无数。春且住！见说道、天涯芳草迷归路。怨春不语。算只有殷勤，画檐蛛网，尽日惹飞絮。

长门事，准拟佳期又误。蛾眉曾有人妒。千金纵买相如赋，脉脉此情谁诉？君莫舞，君不见、玉环飞燕皆尘土。闲愁最苦。休去倚危楼，斜阳正在，烟柳断肠处。

表面看来，不过是春风花草、美人恩怨，但其真意却是表达对朝廷苟且偏安、冷落人才的不满。词中以陈皇后代指主战派，以玉环、飞燕指代主和进谗的小人，视国情为危楼，以斜阳喻当朝的宋孝宗。这样一个看似伤春的主题，却承载了那么深邃的意旨。

九、反复

反复是指词体中含有叠字、叠词、叠句现象。其作用不外两种：增强语言的韵律感或是起强调作用，更加生动形象；思想感情的表达更为绵密曲折，音节流美，增强语言的音乐美、修辞美。

叠字是一种修辞手法，具有独特的艺术魅力。巧用叠字，可使所描绘的自然景色或人物特征更加形象；既可以摹声，又可以摹色，而使表达的意象更加确切；还可使诗的音律和谐，读起来，朗朗上口，听起来，声声悦耳。如李清照的《声声慢》的开头连用了七组叠字——“寻寻觅觅，冷冷清清，凄凄惨惨戚戚”，恰如其分地表达了词人身遭不幸后的精神状态：“寻寻觅觅”，侧重写动作，心神不定，怅然若失；“冷冷清清”，侧重写感受，孤单寂寞，形影相吊；“凄凄惨惨戚戚”侧重写心境，悲惨凄凉，终日愁苦；三者用“情”贯穿在一起。其次在声律上急促跳动，铿锵有韵，有节奏感；并在结构上为整首词定下基调，创造出悲伤的氛围，使读者屏息凝神，受其感染。

词体中还有叠句，如李清照的《如梦令》中有“争渡，争渡，惊起一滩鸥鹭”的句子，两句“争渡”，具有递进回环之美。

十、词风

诗二十四品，并无高下之分，词流派很多，亦各有千秋。

各人性格不同，经历迥异，喜好的诗词风格必然不会相同，在词的创作中也会得到充分体现。通过不断潜移默化，锤炼磨合，往往形成具有鲜明特色的个人词风，只要是源于内心，出于自然，体现作者特质，就是好的风格。

初学者应秉持“广泛涉猎、刻意临摹”的学习方法。在词的学习过程中，要对各种流派风格的词都有精通，贵精不贵多。但对于与个人心性最切近者，要用心揣摩，专力模仿，日积月累，自然有得。此后再转益多师，融会各家，以自成面目。

下篇

词牌例释

本篇使用的术语和符号说明：

平：填平声字　仄：填仄声字（上、去或入声）　中：可平可仄

逗号和句号：表示句　　　　　顿号：表示逗

粗体加点字：表示平声或仄声韵脚字，或可押可不押的韵脚

带圈字：领格字　　　　斜体字：例作对偶　　　下划线：例作叠韵

第十节　小令例释

一、卜算子［bǔ suàn zǐ］

【词牌名片】

清万树《词律》云：唐骆宾王（骆义乌）诗用数目名，人谓之卜算子，故牌名取之。宋黄庭坚词有“似扶着，卖卜算”，盖取以为词调名。后因秦观词有“极目烟中百尺楼”之句，故又名“百尺楼”，亦名“眉峰碧”“楚天遥”“缺月挂疏桐”。北宋时盛行此曲。双调，44字。上下片各四句，逢二、四句押仄声韵。

卜算子

中仄仄平平
中仄平平**仄**
中仄平平仄仄平
中仄平平**仄**

中仄仄平平
中仄平平**仄**
中仄平平仄仄平
中仄平平**仄**

咏梅［南宋］陆游

驿外断桥边，
寂寞开无**主**。
已是黄昏独自愁，
更著风和**雨**。

无意苦争春，
一任群芳**妒**。
零落成泥碾作尘，
只有香如**故**。

【词林撷翠】

卜算子·缺月挂疏桐 ［宋］苏轼

缺月挂疏桐，漏断人初静。谁见幽人独往来，缥缈孤鸿影。
惊起却回头，有恨无人省。拣尽寒枝不肯栖，寂寞沙洲冷。

卜算子·送鲍浩然之浙东 ［宋］王观

水是眼波横，山是眉峰聚。欲问行人去那边？眉眼盈盈处。
才始送春归，又送君归去。若到江南赶上春，千万和春住。

卜算子·我住长江头 ［宋］李之仪

我住长江头，君住长江尾。日日思君不见君，共饮长江水。
此水几时休？此恨何时已？只愿君心似我心，定不负相思意。

卜算子·不是爱风尘 ［南宋］严蕊

不是爱风尘，似被前缘误。花落花开自有时，总赖东君主。
去也终须去，住也如何住。若得山花插满头，莫问奴归处。

卜算子·海棠为风雨所损 ［南宋］刘克庄

片片蝶衣轻，点点猩红小。道是天工不惜花，百种千般巧。
朝见树头繁，暮见枝头少。道是天工果惜花，雨洗风吹了。

卜算子·断肠 ［明］夏完淳

秋色到空闺，夜扫梧桐叶。谁料同心结不成，翻就相思结。
十二玉阑干，风动灯明灭。立尽黄昏泪几行，一片鸦啼月。

【雏凤清音】

卜算子·次韵稼轩寻春作 顾承学

花下坐吹箫，斜日人间暮。寂寂寒秋寂寂风，惊落花无数。
染尽旧春衫，袂卷青霓去。叶落长篱袖手过。醉看无人处。

二、采桑子［cǎi sāng zǐ］

【词牌名片】

唐教坊大曲有《杨下采桑》，是兼有歌舞的大曲。南卓《羯鼓录》作“凉下采桑”，源出《古乐府》之《陌上桑》。殆就大曲中截取一遍为之。因名此调“采桑子”。冯延巳词中名为“罗敷艳歌”，李煜词中名“采桑子令”。宋初皆名“采桑子”，陈师道名“罗敷媚”，黄庭坚词中名“丑奴儿”。双调，44字。上下片各三平韵。别有添字格，两结句各添二字，两平韵，一叠韵。

采桑子（丑奴儿）

中平中仄平平仄，
中仄平平（韵）。
中仄平平（韵），
中仄平平中仄平（韵）。

中平中仄平平仄，
中仄平平（韵）。
中仄平平（韵），
中仄平平中仄平（韵）。

书博山道中壁 ［南宋］辛弃疾

少年不识愁滋味，
爱上层楼。
爱上层楼，
为赋新词强说愁。

而今识尽愁滋味，
欲说还休。
欲说还休，
却道天凉好个秋。

【经典鉴赏】

注释：

（1）博山在今江西广丰县西南。因状如庐山香炉峰，故名。淳熙八年（1181）辛弃疾罢职退居上饶，常过博山。（2）强说愁：无愁而勉强说愁。（3）李清照《凤凰台上忆吹箫》：“多少事，欲说还休。”

赏析：

《书博山道中壁》这首词以“少年”与“而今”对比，表达了一种深刻的人生感受，且这种人生感悟与芸芸众生的感受相契合，易引起共鸣，不失为人生哲理。

词的上片，着重回忆少年时风华正茂，登高望远，气壮如山，涉世不深，乐观自信，对于人们常说的“愁”还缺乏真切的体验。首句“少年不识愁滋味”，乃是上片的核心。正因为不识愁为何物，又受诗词中常见的文人习气影响，无愁说愁。下片转入“而今”，转折有力，反映了不同的人生经历。所谓“识尽”，一是愁多，二是愁深，这些愁，有的不能说，有的不便说，有的说亦无益，只能“却道天凉好个秋”了。

在这首词中，作者运用对比手法，突出地渲染了一个“愁”字，以此作为贯串全篇的线索。欲说还休的“愁”是什么？作者生长在中原沦陷区，亲历了人民的苦难，亲见了金人的凶残，具有强烈的报国热情，他怀着捐躯报国的志愿投奔南宋，本想与南宋政权同心协力，共建恢复大业。但南宋政权偏安一隅，无心收复故土；作者报国无门，而且还被弹劾去职，闲居带湖，“一腔忠愤，无处发泄”，其心中的愁闷痛楚可以想见。少年时是个人的伤离别绪之愁，而今是忧国伤时之愁，愁之轻重深浅，不言而喻。作者连用两句“欲说还休”，仍然采用叠句形式，愁到极点而无话可说而已，也表达了对当政者的极度失望之情。“天凉好个秋”这句结尾表面形似轻松洒脱，实则十分含蓄，充分表达了作者之“愁”的深沉博大。

辛弃疾的这首词，通过“少年”“而今”，无愁、有愁的对比，表现了他受压抑排挤、报国无门的痛苦，是对南宋统治集团的讽刺和不满。

【词林撷翠】

采桑子·辘轳金井梧桐晚 ［南唐］李煜

辘轳金井梧桐晚，几树惊秋。昼雨新愁，百尺虾须在玉钩。
琼窗春断双蛾皱，回首边头。欲寄鳞游，九曲寒波不溯流。

采桑子·亭前春逐红英尽 ［南唐］李煜

亭前春逐红英尽，舞态徘徊。细雨霏微，不放双眉时暂开。
绿窗冷静芳音断，香印成灰。可奈情怀，欲睡朦胧入梦来。

采桑子·中庭雨过春将尽 ［五代］冯延巳

中庭雨过春将尽，片片花飞。独折残枝，无语凭栏只自知。
玉堂香暖珠帘卷，双燕来归。后约难期，肯信韶华得几时。

采桑子·小堂深静无人到 ［五代］冯延巳

小堂深静无人到，满院春风。惆怅墙东，一树樱桃带雨红。
愁心似醉兼如病，欲语还慵。日暮疏钟，双燕归栖画阁中。

采桑子·春暮 ［宋］朱藻

幛泥油壁人归后，满院花阴。楼影沉沉，中有伤春一片心。
闲穿绿树寻梅子，斜日笼明。团扇风轻，一径黄花不避人。

采桑子·群芳过后西湖好 ［宋］欧阳修

群芳过后西湖好，狼藉残红。飞絮蒙蒙，垂柳阑干尽日风。
笙歌散尽游人去，始觉春空。垂下帘栊，双燕归来细雨中。

采桑子·恨君不似江楼月 ［宋］吕本中

恨君不似江楼月，南北东西。南北东西，只有相随无别离。
恨君却似江楼月，暂满还亏。暂满还亏，待得团圆是几时？

采桑子·彭浪矶 ［宋］朱敦儒

扁舟去作江南客，旅雁孤云。万里烟尘，回首中原泪满巾。
碧山相映汀洲冷，枫叶芦根。日落波平，愁损辞乡去国人。

采桑子·拨灯书尽红笺也 ［清］纳兰性德

拨灯书尽红笺也，依旧无聊。玉漏迢迢，梦里寒花隔玉箫。
几竿修竹三更雨，叶叶萧萧。分付秋潮，莫误双鱼到谢桥。

采桑子·明月多情应笑我 ［清］纳兰性德

明月多情应笑我，笑我如今。辜负春心，独自闲行独自吟。
近来怕说当时事，结遍兰襟。月浅灯深，梦里云归何处寻。

【雏凤清音】

采桑子·长安三月春无限　杨哲

长安三月春无限，如此江山。如此江山，狂饮还需听管弦。
酒香招客在风前，醉眼看剑。醉眼看剑，洒墨挥毫舞云烟。

三、长相思［cháng xiāng sī］

【词牌名片】

长相思，原为唐教坊曲，后用作词调名。《古诗十九首》有："客从远方来，遗我一书札。上言长相思，下言久离别。"又曰："文采双鸳鸯，裁为合欢被。着以长相思，缘以结不解。"李陵诗曰："行人难久留，各言长相思。"苏武诗曰："生当复来归，死当长相思。"古人辄用"长相思"三字入诗中，其为当时极熟之民间成语可知。厥后演为乐府，《乐府诗集》收入《杂曲歌辞》。梁张率始以此三字为句之发端；而陈后主、江总辈，复袭其调。至唐李白等亦仿作之，乃成词之专调。后主李煜词名"长相思令"。宋人林逋有"吴山青"，又名"吴山青"；张辑有"江南山渐青"，又名"山渐青"；张先词名"相思令"；赵鼎词名"琴调相思令"。金代嘛钰词名"长思仙"。元代仇远词名"越山青"，王行词名"青山相送迎"。亦名"双红豆、忆多娇"。多写男女相思之情。双调，36字，为双调中之最短者。上下片格式相同，各四句，句句押平韵，一韵到底。逢第二句则用叠韵，叠首句末二字。

长相思

仄中平，
仄中平（叠后二字），
中仄平平中仄平，
中平中仄平。

山一程　［清］纳兰性德

山一程，
水一程，
身向榆关那畔行，
夜深千帐灯。

仄中平，
仄中平（叠后二字），
中仄平平中仄平，
中平中仄平。

风一更，
雪一更，
聒碎乡心梦不成，
故园无此声。

【经典鉴赏】

注释：

（1）榆关：即今山海关，在今河北秦皇岛东北。（2）那畔：即山海关的另一边，指身处关外。（3）聒（guō）：声音嘈杂，这里指风雪声。（4）故乡，这里指北京。

译文：

一路上登山涉水，山山水水，行行重行行，向榆关那边进登。夜深宿营，只见无数座行帐中都亮着灯火。挨过了一更又一更，只听得风雪一阵又一阵，吵得我乡心碎乱，乡梦难圆，在我的故园，几曾有聒耳的风雪声？

赏析：

康熙二十一年早春，纳兰性德随扈东巡，去往山海关。途中满目所见的风景清寒苍凉，那万丈穹庐下安扎的营帐，望去好似繁星落地，璀璨异常。如此壮丽之景，只从词人“夜深千帐灯”几字中，我们便可体会无二——难怪王国维会将此与“澄江静如练”“落日照大旗”“大漠孤烟直”等相提并论——古典诗词的魅力，尽在其中……

一程山水一程歌，一更风雪一更愁。词人为侍卫之职，一生多鞍马劳役，而更多的是怀家思乡之情，急风飞雪的出塞路上，最忆的还是家中的温暖。所以，纳兰性德的乡梦不成，帐外的风雪声勾起的是对“故园”无尽的思念。一首《长相思》，融细腻情感于雄壮景色中，尽显非凡。

【词林撷翠】

长相思·汴水流 ［唐］白居易

汴水流，泗水流，流到瓜洲古渡头。吴山点点愁。
思悠悠，恨悠悠，恨到归时方始休。月明人倚楼。

长相思·一重山 ［南唐］李煜

一重山，两重山，山远天高烟水寒，相思枫叶丹。
菊花开，菊花残，塞雁高飞人未还，一帘风月闲。

长相思·红满枝 ［五代］冯延巳

红满枝，绿满枝，宿雨厌厌睡起迟，闲庭花影移。
忆归期，数归期。梦见虽多相见稀，相逢知几时。

长相思·吴山青 ［宋］林逋

吴山青，越山青。两岸青山相送迎，谁知离别情？
君泪盈，妾泪盈。罗带同心结未成，江头潮已平。

长相思·长相思 ［宋］晏几道

长相思，长相思。若问相思甚了期，除非相见时。
长相思，长相思。欲把相思说似谁，浅情人不知。

长相思·花似伊 ［宋］欧阳修

花似伊，柳似伊，花柳青春人别离，低头双泪垂。
长江东，长江西，两岸鸳鸯两处飞，相逢知几时。

长相思·暮山青 ［宋］陆游

暮山青，暮霞明，梦笔桥头艇子横。苹风吹酒醒。
看潮生，看潮平，小住西陵莫较城。莼丝初可烹。

长相思·雨 ［宋］万俟咏

一声声，一更更，窗外芭蕉窗里灯。此时无限情。
梦难成，恨难平，不道愁人不喜听。空阶滴到明。

长相思·西湖雨中 ［明］陈子龙

黛眉收，翠鬟流，恹损芳波一段愁。愁时梦未休。
山浮浮，水悠悠，欲问行云何处留。有人天际头。

【雏凤清音】

长相思·雾茫茫 高静

雾茫茫，水茫茫，望尽天涯人何方？泪湿透锦裳。
路长长，夜长长，杜宇声声梦断肠。烛残秋雨凉。

四、浣溪沙［huàn xī shā］

【词牌名片】

浣溪沙，唐教坊曲名，因春秋时期人西施浣纱于若耶溪而得名，后用作词牌名。张泌词有“露浓香泛小庭花”句，名“小庭花”；韩淲词有“芍药酴縻满院春”句，名“满院春”；有“东风拂栏露犹寒”句，名“东风寒”；有“一曲西风醉木犀”句，名“醉木犀”；有“霜后黄花菊自开”句，名“霜菊黄”；有“广寒曾折最高枝”句，名“广寒枝”；有“春风初试薄罗衫”句，名“试香罗”；有“清和风里绿荫初”句，名“清和风”；有“一番春事怨啼鹃”句，名“怨啼鹃”。双调，42字。上片三句全用平韵，下片末两句用平韵，过片二句多用对偶。音节明快，句式整齐，易于上口，为婉约派与豪放派多数词人所常用。此调别有《摊破浣溪沙》，又名《山花子》，上下片各增三字，韵全同。

浣溪沙

中仄中平中仄平，
中平中仄仄平平，
中平中仄仄平平。

中仄中平平仄仄，
中平中仄仄平平。
中平中仄仄平平。

一曲新词酒一杯 ［宋］晏殊

一曲新词酒一杯，
去年天气旧亭台，
夕阳西下几时回？

无可奈何花落去，
似曾相识燕归来，
小园香径独徘徊。

【经典鉴赏】

注释：

（1）一曲新词酒一杯：此句化用白居易《长安道》诗意：“花枝缺入

青楼开，艳歌一曲酒一杯”。一曲，一首。因为词是配合音乐唱的，故称“曲”。新词，刚填好的词，意指新歌。酒一杯，一杯酒。（2）去年天气旧亭台：是说天气、亭台都和去年一样。此句化用五代郑谷《和知己秋日伤怀》诗：“流水歌声共不回，去年天气旧池台。”（3）似曾相识：好像曾经认识，形容见过的事物再度出现，后用作成语。（4）小园香径：花草芳香的小径。

译文：

填曲新词品尝一杯美酒，时令气候亭台池榭依旧，西下的夕阳几时才回转？无可奈何中百花再残落，似曾相识的春燕又归来，独自在花香小径里徘徊。

赏析：

《浣溪沙·一曲新词酒一杯》是宋代词人晏殊的代表作。此词虽含伤春惜时之意，却实为感慨抒怀之情，悼惜残春，感伤年华的飞逝，又暗寓怀人之意。

上片重在思昔。起句写对酒听歌的现境。语调轻快流利，带着潇洒安闲之态，但边听边饮，此境却又不期然而然地触发对“去年”所历类似境界的追忆：一样的暮春天气、一样的楼台亭阁、一样的清歌美酒，却包蕴着一种景物依旧而人事全非的怀旧之感。于是词人从心底涌出这样的喟叹：“夕阳西下几时回？”夕阳西下是眼前景，其触发的是对美好景物情事的流连之心及对时光流逝的怅惘之意。这是即景兴感，包含着某种哲理性的沉思。

下片重在伤今。“无可奈何花落去，似曾相识燕归来。”这两句工巧而浑成，流利而含蓄，声韵和谐，寓意深婉。花的凋落，春的消逝，时光的流逝，都是不可抗拒的自然规律，虽然惋惜流连也无济于事，所以说“无可奈何”。惋惜之余，却给人几分欣慰——那翩翩归来的燕子就像是去年曾此处安巢的旧时相识。惋惜与欣慰的交织中，蕴含着某种生活哲理：一切必然要消逝的美好事物都无法阻止其消逝，但消逝的同时仍然有美好事物的再现，生活不会因消逝而变得一片虚无。“小园香径独徘徊”，即是说他独自一人在花间踱来踱去，心情无法平静。

【词林撷翠】

浣溪沙·游蕲水清泉寺 ［宋］苏轼

山下兰芽短浸溪。松间沙路净无泥。萧萧春雨子规啼。

谁道人生无再少，门前流水尚能西。休将白发唱黄鸡。

浣溪沙·簌簌衣巾落枣花 ［宋］苏轼

簌簌衣巾落枣花，村南村北响缫车，牛衣古柳卖黄瓜。
酒困路长惟欲睡，日高人渴漫思茶。敲门试问野人家。

浣溪沙·漠漠轻寒上小楼 ［宋］秦观

漠漠轻寒上小楼，晓阴无赖似穷秋。淡烟流水画屏幽。
自在飞花轻似梦，无边丝雨细如愁。宝帘闲挂小银钩。

浣溪沙·雨过残红湿未飞 ［宋］周邦彦

雨过残红湿未飞，疏篱一带透斜晖。游蜂酿蜜窃春归。
金屋无人风竹乱，衣篝尽日水沉微。一春须有忆人时。

浣溪沙·霜日明霄水蘸空 ［南宋］张孝祥

霜日明霄水蘸空，鸣鞘声里绣旗红，澹烟衰草有无中。
万里中原烽火北，一尊浊酒戍楼东，酒阑挥泪向悲风。

浣溪沙·常山道中即事 ［南宋］辛弃疾

北陇田高踏水频，西溪禾早已尝新。隔墙沽酒煮纤鳞。
忽有微凉何处雨，更无留影霎时云。卖瓜声过竹边村。

浣溪沙·残雪凝辉冷画屏 ［清］纳兰性德

残雪凝辉冷画屏，落梅横笛已三更，更无人处月胧明。
我是人间惆怅客，知君何事泪纵横，断肠声里忆平生。

【雏凤清音】

浣溪沙·梦乡 张闻笛

海阔天高夜骤沉，云翻浪涌月重痕。频思远路梦乡枌。

落日窗前融笑语，朝霞院后弄书尘。亲朋乐聚话归人。

五、减字木兰花［jiǎn zì mù lán huā］

【词牌名片】

木兰花，原唐教坊曲。《岚斋录》载：唐张搏自湖州刺史移苏州，于堂前大植木兰花，当盛开时，燕郡中诗客，即席赋之。陆龟蒙后至，张连酌浮白，龟蒙径醉，强执笔题两句云："洞庭波浪渺无津，日日征帆送远人。"颓然醉倒。搏命他客续之，皆莫能详其意。既而龟蒙稍醒，援笔卒其章曰："几度木兰船上望，不知元是此花身。"遂为一时绝唱。欧阳炯词遂有"今年却忆去年春，同在木兰花下醉"之句，因以"木兰花"为调名。《尊前集》所录皆五十六字体，北宋以后多遵用之，或名"木兰花令""玉楼春"，但据《花间集》载，"木兰花""玉楼春"系两调。"减字木兰花"是以"木兰花"为基础，上下片第一、三句各减三字，改为平仄韵互换格，每片两仄韵、两平韵。又名"减兰""偷声木兰花""木兰香""天下乐令"。双调，44字，上下片各四句。

减字木兰花

中平中仄，
中仄中平平仄仄。
中仄平平，
中仄平平中仄平。

中平中仄，
中仄中平平仄仄。
中仄平平，
中仄平平中仄平。

题雄州驿　［宋］蒋兴祖女

朝云横度，
辘辘车声如水去。
白草黄沙，
月照孤村三两家。

飞鸿过也，
百结愁肠无昼夜。
渐近燕山，
回首乡关归路难。

【经典鉴赏】

注释：

（1）雄州：今河北雄县。驿：古代专供递送公文的人或往来官员暂住、换马的处所。（2）辘辘：车行声。（3）白草黄沙：象征北方凄凉的景色。

（4）无昼夜：不分昼夜。（5）燕山：府名。

译文：

长空中，寒风翻卷朝云滚滚而去。朝行暮宿，千里途程，大地上，金兵驱载妇女迢迢而去。莽莽黄沙，一片白草，月光清冷地照着只有三两户人家的荒村，孤零零的，没有一点活气。大雁南飞，却不能为词人寄书信，倍加女主人公失去自由和国家之创痛。这种种愁思，郁结难解，使得愁肠寸断，简直达到日也愁、夜也愁的地步。那在燕山脚下的燕京（即中都，今北京市）已经不远了，回头遥望那难舍难忘的故国乡土，可要顺着此路回去就比登天还难了。

赏析：

北宋末年，金兵南侵。阳武城被围，县令蒋兴祖坚持抗敌，英勇不屈，最终城陷，蒋兴祖与其妻、其子死于国难。其女刚成年，能诗词，不幸被敌掳至金国的中都。于被掳途中的雄州驿墙壁上题写此词，描述被掳北行之经历，抒发国破家亡之剧痛。

上片写开始被押北行途中的情景，以写景为主。开头两句，写被金人用车载向北方出发时的情景，渲染出恶劣的环境氛围，暗喻了当时政治风云突变，形势险恶。一个“横”字，把作者那种祸从天降的特殊感受强调了出来。次句“辘辘车声如水去”直道其事。“辘辘”，拟声词，形容车轮声；“如水去”，既写出被掳妇女之众多，又表达了国势危亡，一去不返的深哀大痛。接下来的两句“白草黄沙，月照孤村三两家”，继续描写沿途之所见，进一步渲染出惨淡萧索的意境，不仅揭示了金兵烧杀掳掠造成的惨象，更衬托出作者被掳离乡、身临异地那种无比悲苦的心境。

下片写继续北行直至雄州的情景，以抒情为主。“飞鸿过也，万结愁肠无昼夜。”作者看到鸿雁从北往南地飞去，想到自己既不能像鸿雁那样飞向南方，也不能让鸿雁传家书给自己的亲人，因为自己失去了自由，而父母兄弟均死于敌手，这千般愁绪、万种悲哀久久难以释怀。就在这种度日如年的愁境中，来到雄州，离金邦的京城——那在燕山脚下的燕京越来越近了。这句既照应词题，又开启下句“回首乡关归路难”。空见飞鸿南去，自己身陷异域，只能回头遥望那难舍难忘的故国乡土，可要顺着此路回去就比登天还难了。

全词寥寥数十字，字字饱含着血泪，步步留恋凄恻。家国之恨，被掳之痛，怀乡之情，真是感人肺腑，令人涕下。

虽然全词写的为个人的不幸，却反映出当时广大人民的普遍遭遇。

【词林撷翠】

减字木兰花·莺初解语　［宋］苏轼

莺初解语，最是一年春好处。微雨如酥，草色遥看近却无。
休辞醉倒，花不看开人易老。莫待春回，颠倒红英间绿苔。

减字木兰花·春情　［宋］王安国

画桥流水，雨湿落红飞不起。月破黄昏，帘里余香马上闻。
徘徊不语，今夜梦魂何处去。不似垂杨，犹解飞花入洞房。

减字木兰花·竞渡　［宋］黄裳

红旗高举，飞出深深杨柳渚。鼓击春雷，直破烟波远远回。
欢声震地，惊退万人争战气。金碧楼西，衔得锦标第一归。

减字木兰花·刘郎已老　［宋］朱敦儒

刘郎已老，不管桃花依旧笑。要听琵琶，重院莺啼觅谢家。
曲终人醉，多似浔阳江上泪。万里东风，国破山河落照红。

减字木兰花·春怨　［宋］朱淑真

独行独坐，独倡独酬还独卧。伫立伤神，无奈轻寒着摸人。
此情谁见，泪洗残妆无一半。愁病相仍，剔尽寒灯梦不成。

减字木兰花·淮山隐隐　［宋］淮上女

淮山隐隐，千里云峰千里恨。淮水悠悠，万顷烟波万顷愁。
山长水远，遮断行人东望眼。恨旧愁新，有泪无言对晚春。

【雏凤清音】

减字木兰花·神游九州　秦涛

神游九州，自古英雄功名就。放眼风云，大江东去水不留。

气吞宇宙，雄心未泯竞风流。千古悠悠，壮志男儿写春秋。

六、浪淘沙［làng táo shā］

【词牌名片】

调出乐府（《乐府诗集》收入近代曲中），原为28字，即七言绝句一首。唐白居易、刘禹锡演有此词，且词句即咏江浪淘沙，为唐时教坊曲名。迨至李煜，因旧调另制新声，乃变作双调长短句，每段仅存七言二句，而所咏亦泛而不必切题矣。又名“浪淘沙令”“浪淘沙慢”“过龙门”“卖花声”“曲入冥”“炼丹砂”。双调，54字。上下片字句完全相同，各四平韵，多作激越凄壮之音。

浪淘沙

中仄仄平平，
中仄平平。
中平中仄仄平平。
中仄中平平仄仄，
中仄平平。

中仄仄平平，
中仄平平。
中平中仄仄平平。
中仄中平平仄仄，
中仄平平。

怀旧 ［南唐］李煜

帘外雨潺潺，
春意阑珊。
罗衾不耐五更寒。
梦里不知身是客，
一晌贪欢。

独自莫凭栏！
无限江山，
别时容易见时难。
流水落花春去也，
天上人间！

【经典鉴赏】

注释：

（1）潺潺：形容雨声。（2）阑珊：衰残。（3）罗衾（音qīn）：绸被子。（4）不耐：受不了。（5）身是客：指被拘汴京，形同囚徒。（6）一晌（音shǎng）：一会儿，片刻。（7）贪欢：指贪恋梦境中的欢乐。（8）凭栏：靠着栏杆。（9）江山：指南唐河山。

译文：

门帘外传来雨声潺潺，浓郁的春意又要凋残。罗织的锦被受不住五更时的冷寒。只有迷梦中忘掉自身是羁旅之客，才能享受片时的欢娱。

独自一人在太阳下山时在高楼上倚靠栏杆遥望远方，因为想到旧时拥有的无限江山，心中便会泛起无限伤感。离别它是容易的，再要见到它就很艰难。像流失的江水凋落的红花跟春天一起回去，今昔对比，一是天上一是人间。

赏析：

本词作者李煜为五代十国时南唐国君（史称李后主），后被宋军攻破都城而降宋，被俘至汴京，因作感怀故国的名词《虞美人》而被宋太宗毒死。据《西清诗话》谓此词是作者去世前不久所写："南唐李后主归朝后，每怀江国，且念嫔妾散落，郁郁不自聊，尝作长短句云'帘外雨潺潺……'含思凄惋，未几下世。"从此词低沉悲怆的基调中，透露出这个亡国之君绵绵不尽的故土之思，可以说这是一支婉转凄苦的哀歌。

上片用倒叙，先写梦醒再写梦中。起首说五更梦回，薄薄的罗衾挡不住晨寒的侵袭。帘外，是潺潺不断的春雨，是寂寞零落的残春；这种境地使他倍增凄苦之感。"梦里"两句，回过来追忆梦中情事，睡梦里好像忘记自己身为俘虏，似乎还在故国华美的宫殿里，贪恋着片刻的欢娱，可是天不作美，他被冻醒了。这真是"往事只堪哀，对景难排"。

过片三句自为呼应。说"独自莫凭栏"，是因为"凭栏"而不见"无限江山"，又将引起"无限伤感"。"别时容易见时难"，是当时常用的语言。《颜氏家训·风操》有"别易会难"之句，曹丕《燕歌行》中也说"别日何易会日难"。然而作者所说的"别"，并不仅仅指亲友之间，而主要是与故国"无限江山"分别；至于"见时难"，即指亡国以后，不可能见到故土的悲哀之感。

"流水"两句，叹息春归何处。张泌《浣溪沙》有"天上人间何处去，旧欢新梦觉来时"之句，"天上人间"，是说相隔遥远，不知其处。这是指春，也兼指人。词人长叹水流花落，春去人逝，这不仅是此词的结束，亦暗示词人一生的即将结束。

这首词，情真意切，哀婉动人，深刻地表现了词人的亡国之痛和囚徒之悲，生动地刻画了一个亡国之君的艺术形象。李煜后期词反映了他亡国以后囚居生涯中的危苦心情，确实是"眼界始大，感慨遂深"，且能以白描手法诉说内心的极度痛苦，具有撼动读者心灵的惊人艺术魅力。

【词林撷翠】

浪淘沙·往事只堪哀 ［南唐］李煜

往事只堪哀，对景难排。秋风庭院藓侵阶。一任珠帘闲不卷，终日谁来。
金锁已沉埋，壮气蒿莱。晚凉天净月华开。想得玉楼瑶殿影，空照秦淮。

浪淘沙·把酒祝东风 ［宋］欧阳修

把酒祝东风，且共从容。垂杨紫陌洛城东。总是当时携手处，游遍芳丛。
聚散苦匆匆，此恨无穷。今年花胜去年红。可惜明年花更好，知与谁同？

浪淘沙·小绿间长红 ［宋］晏几道

小绿间长红，露蕊烟丛。花开花落昔年同。惟恨花前携手处，往事成空。
山远水重重，一笑难逢。已拚（pàn）长在别离中。霜鬓知他从此去，几度春风。

浪淘沙·昨日出东城 ［宋］苏轼

昨日出东城，试探春情。墙头红杏暗如倾。槛内群芳芽未吐，早已回春。
绮陌敛香尘，雪霁前村。东君用意不辞辛。料想春光先到处，吹绽梅英。

浪淘沙·对望汉阳川 ［宋］苏辙

对望汉阳川，车马灯繁。高台江岸倚横栏。暗涌波光东逝海，愁绪谁堪。
萧雨瑟风珊，叶落枝残。四年离索久无欢。忽忆五更多少事，呓语江南。

浪淘沙·山寺夜半闻钟 ［南宋］辛弃疾

身世酒杯中，万事皆空。古来三五个英雄。雨打风吹何处是，汉殿秦宫。
梦入少年丛，歌舞匆匆。老僧夜半误鸣钟。惊起西窗眠不得，卷地西风。

【雏凤清音】

浪淘沙·夜雨洒空庭 欧阳超

夜雨洒空庭，剔醒残灯，横窗疏影略分明。曾是衣香斜共倚，月洁风清。

孤枕怯钟声，寂掩银屏，芙蓉被冷梦难成。争奈多情销不尽，欲去还生。

七、南乡子 [nán xiāng zǐ]

【词牌名片】

原唐教坊曲名，后用作词调名。南乡即南国，唐人称南中。因多用来咏江南风物，故名。本调原为单调，创于后蜀欧阳炯；如"路入南中，恍榔叶暗蓼花红；两岸人家微雨后，收红豆，纤纤抬素手"，固为本意也。迨冯延巳始添作双调，成今体之56字。欧阳修前后首句俱减为四字，名《减字南乡子》。又名"好离乡、蕉叶怨"。双调，56字，十句。上下片各四平韵，一韵到底。

南乡子	登京口北固亭有怀 [南宋] 辛弃疾
中仄仄平平，	何处望神**州**，
中仄平平仄仄平。	满眼风光北固**楼**。
中仄中平平仄仄，	千古兴亡多少事，
平**平**，	悠**悠**，
中仄平平中仄平。	不尽长江滚滚**流**。
中仄仄平平，	年少万兜**鍪**，
中仄平平仄仄平。	坐断东南战未**休**。
中仄中平平仄仄，	天下英雄谁敌手？
平**平**，	曹**刘**，
中仄平平中仄平。	生子当如孙仲**谋**。

【经典鉴赏】

注释：

（1）京口：今江苏省镇江市。北固亭：在今镇江市北固山上，下临长江，三面环水。（2）望：眺望。神州：这里指中原地区。（3）悠悠：形容漫长、久远。（4）年少：年轻。指孙权19岁继父兄之业统治江东。兜鍪（dōu móu）：指千军万马。原指古代作战时兵士所带的头盔，这里代指士兵。（5）坐断：坐镇，占据，割据。东南：指吴国在三国时地处东南方。休：停止。（6）敌手：能力相当的对手。（7）曹刘：指曹操与刘备。

（8）生子当如孙仲谋：曹操率领大军南下，见孙权的军队雄壮威武，喟然而叹："生子当如孙仲谋，刘景升儿子若豚犬耳。"

译文：

什么地方可以看见中原呢？在北固楼上，满眼都是美好的风光。从古到今，有多少国家兴亡大事啊，往事连绵不断，如同没有尽头的长江水滚滚地奔流不息。

当年孙权在青年时代，做了三军统帅。他能占据东南，坚持抗战，没有向敌人低头和屈服过。天下英雄谁是孙权的敌手呢？只有曹操和刘备而已。这样也就难怪曹操说："要是能有个孙权那样的儿子就好了！"

赏析：

公元1204年，南宋著名爱国词人辛弃疾任京口（即镇江）知府，登临北固亭时，触景生情，抚今追昔，不胜感慨系之，挥就此词。

上片起句"何处望神州"，点出作者登临北固亭的缘起，即为了眺望中原大地的大好河山。神州大地已被金国占领，故乡已沦为敌占区，只能可望而不可即，作者日思夜萦，无时无刻不在想念故乡的父老乡亲。唯一排遣这种痛苦的方式就是登临北固亭远眺了。登临亭上，触景生情，思接千古，暗示作者对当时国家丧土濒亡的痛心疾首。最后一句"不尽长江滚滚流"，化用杜甫的《登高》诗句，反映作者胸中的不尽愁思和感慨，犹如长流不息的江水。

下片借典抒怀。联想三国时代的孙权年纪轻轻就统率千军万马，雄踞东南一隅，奋发自强，战斗不息之故事。孙权虽然年少，却胆识非凡，"坐断东南"，不畏强敌，坚决抵抗，并战而胜之，同样"坐断东南"的南宋政权，满朝文武尽是庸碌无能、懦怯苟安之辈。作者追慕古代英雄人物，表达了渴望像古代英雄人物那样金戈铁马，收拾旧山河，为国效力的壮烈情怀，饱含着浓浓的爱国思想，但也流露出作者报国无门的无限感慨，蕴含着对苟且偷安、毫无振作的南宋朝廷的愤懑之情。

全词写景、抒情、议论密切结合，即景抒情，借古讽今。融化古人语言入词，活用典故成语。通篇三问三答，层次分明，互相呼应。风格明快，气魄阔大，情调乐观昂扬。

【词林撷翠】

南乡子·细雨湿流光 ［五代］冯延巳

细雨湿流光，芳草年年与恨长。烟锁凤楼无限事，茫茫。鸾镜鸳衾两断肠。
魂梦任悠扬，睡起杨花满绣床。薄幸不来门半掩，斜阳。负你残春泪几行。

南乡子·自古帝王州 ［宋］王安石

自古帝王州，郁郁葱葱佳气浮。四百年来成一梦，堪愁，晋代衣冠成古丘。
绕水恣行游。上尽层楼更上楼。往事悠悠君莫问，回头。槛外长江空自流。

南乡子·送述古 ［宋］苏轼

回首乱山横，不见居人只见城。谁似临平山上塔，亭亭，迎客西来送客行。
归路晚风清，一枕初寒梦不成。今夜残灯斜照处，荧荧，秋雨晴时泪不晴。

南乡子·诸将说封侯 ［宋］黄庭坚

重阳日，宜州城楼宴集，即席作。
诸将说封侯，短笛长歌独倚楼。万事尽随风雨去，休休，戏马台南金络头。
催酒莫迟留，酒味今秋似去秋。花向老人头上笑，羞羞，白发簪花不解愁。

南乡子·落日照楼船 ［南宋］朱熹

落日照楼船，稳过澄江一片天。珍重使君留客意，依然，风月从今别一川。
离绪悄危弦，永夜清霜透幕毡。明日回头江树远，怀贤，目断晴空雁字连。

【雏凤清音】

南乡子·夜来饮酒忆东坡

癸巳元月一日与友聚，晚归，禹城子记。
菜园南又南，古陌河畔我家园，红尘一聚轻歌漫，徒然，不胜酒力风亦寒。
牛栏西又西，残星冷月何颠簸，醉来听溪凭云依，再来，不屑此身风也欺。

八、清平乐 [qīng píng yuè]

【词牌名片】

原为唐教坊曲名，取用汉乐府“清乐”“平乐”这两个乐调而命名。后用作词牌。一说李白曾作《清平月》，《尊前集》载有李白词四首，恐后人伪托，不可信。通常以李煜词为准。别名“清平乐令”“醉东风”“忆萝月”。双调，46字。上片四句四仄韵，下片四句三平韵，也有全押仄声韵的。

清平乐

中平中仄，
中仄平平仄。
中仄中平平仄仄，
中仄中平中仄。

中平中仄平平，
中平中仄平平。
中仄中平中仄，
中平中仄平平。

村居 [南宋] 辛弃疾

茅檐低小，
溪上青青草。
醉里吴音相媚好，
白发谁家翁媪？

大儿锄豆溪东，
中儿正织鸡笼。
最喜小儿亡赖，
溪头卧剥莲蓬。

【经典鉴赏】

注释：

（1）吴音：吴地的方言。作者当时住在信州（今上饶），这一带的方言为吴音。相媚好：指相互逗趣，取乐。（2）翁媪（ǎo）：老翁、老妇。（3）亡（wú）赖：这里指小孩顽皮、淘气。亡，通“无”。

译文：

草屋的茅檐又低又小，溪边长满了碧绿的小草。含有醉意的吴地方言，听起来温柔又美好，那满头白发的老人是谁家的呀？

大儿子在溪东边的豆田锄草，二儿子正忙于编织鸡笼。最令人喜爱的是小儿子，他正横卧在溪头草丛，剥着刚摘下的莲蓬。

赏析：

由于辛弃疾始终坚持爱国抗金的政治主张，南归以后，他一直遭受当权投降派的排斥和打击，长期未得任用，在江西信州（今江西上饶市）闲居达

20年之久。这段农村生活，使他对农村和农民有了深刻了解。

上片勾勒环境烘托气氛。开篇用素描手法，勾出“茅檐”“溪上”“青草”，只淡淡几笔便形象地描画出江南农村的特色，为人物的出现安排下广阔的背景。三、四句写词中出现的老公公和老婆婆，他们讲话的声音带着醉意，愈加显得温柔婉媚，但是等走到他们面前时，才发现说话的已不是什么年轻人，而是白发皤然的老年人了。“醉里”，可以看出老年人生活的安详，从“媚好”，可以看出他们精神的愉快。

下片集中写这一农户的三个儿子，比较全面地反映了当时农村生活的各个方面，画面在继续扩展。大儿在溪东的豆地里锄草，半大的孩子在编织鸡笼。词人着力于“小儿”的描绘，共用了两句，占全词四分之一篇幅。“溪头卧剥莲蓬”形象地刻画出他无忧无虑、天真活泼的神态。对此，词人感到由衷的欢喜。

诗人描绘了一家五口在乡村的生活情态，表现了生活之美和人情之美，体现了作者对田园安宁、平静生活的羡慕与向往。客观上反映了作者对黑暗官场生活的憎恶。这首词是一幅栩栩如生、有声有色的农村风俗画。

【词林撷翠】

清平乐·画堂晨起 ［唐］李白

画堂晨起，来报雪花坠。高卷帘栊看佳瑞，皓色远迷庭砌。
盛气光引炉烟，素草寒生玉佩。应是天仙狂醉，乱把白云揉碎。

清平乐·别来春半 ［南唐］李煜

别来春半，触目柔肠断。砌下落梅如雪乱，拂了一身还满。
雁来音信无凭，路遥归梦难成。离恨恰如春草，更行更远还生。

清平乐·红笺小字 ［宋］晏殊

红笺小字，说尽平生意。鸿雁在云鱼在水，惆怅此情难寄！
斜阳独倚西楼，遥山恰对帘钩。人面不知何处，绿波依旧东流。

清平乐·小庭春老 ［宋］欧阳修

小庭春老，碧砌红萱草。长忆小阑闲共绕，携手绿丛含笑。

别来音信全乖，旧期前事堪猜。门掩日斜人静，落花愁点青苔。

清平乐·留人不住 ［宋］晏几道

留人不住，醉解兰舟去。一棹碧涛春水路，过尽晓莺啼处。
渡头杨柳青青，枝枝叶叶离情。此后锦书休寄，画楼云雨无凭。

清平乐·晚春 ［宋］黄庭坚

春归何处，寂寞无行路。若有人知春去处，唤取归来同住。
春无踪迹谁知，除非问取黄鹂。百啭无人能解，因风飞过蔷薇。

清平乐·独宿博山王氏庵 ［南宋］辛弃疾

绕床饥鼠，蝙蝠翻灯舞。屋上松风听急雨，破纸窗间自语。
平生塞北江南，归来华发苍颜。布被秋宵梦觉，眼前万里江山。

清平乐·太山上作 ［金］元好问

江山残照，落落舒清眺。涧壑风来号万窍，尽入长松悲啸。
井蛙瀚海云涛，醯鸡日远天高。醉眼千峰顶上，世间多少秋毫！

清平乐·风鬟雨鬓 ［清］纳兰容若

风鬟雨鬓，偏是来无准。倦倚玉兰看月晕，容易语低香近。
软风吹过窗纱，心期便隔天涯。从此伤春伤别，黄昏只对梨花。

【雏凤清音】

清平乐·次韵稼轩赋木樨词 顾承学

停灯向晓，长忆江南好。水漾流云帆影小，依旧临窗看了。
荻花萧瑟来时。一秋江阔云低。收取薰炉残烬，因风吹过墙儿。

九、鹊桥仙 [què qiáo xiān]

【词牌名片】

《风俗记》："七夕，织女当渡河，使鹊为桥。"因取以为曲名，以咏牛郎织女相会事。别名"鹊桥仙令""金风玉露相逢曲""广寒秋"。双调，56字。上下片各两仄韵，一韵到底。上下片片首两句例用对仗。

鹊桥仙

中平中仄，
中平中仄，
中仄中平中**仄**。
中平中仄仄平平，
仄中仄、平平中**仄**。

中平中仄，
中平中仄，
中仄中平中**仄**。
中平中仄仄平平，
仄中仄、平平中**仄**。

纤云弄巧 [宋]秦观

纤云弄巧，
飞星传恨，
银汉迢迢暗**度**。
金风玉露一相逢，
便胜却人间无**数**。

柔情似水，
佳期如梦，
忍顾鹊桥归**路**。
两情若是久长时，
又岂在朝朝暮**暮**？

【经典鉴赏】

注释：

（1）纤云：轻盈的云彩。弄巧：指云彩在空中幻化成各种巧妙的花样。（2）飞星：流星。一说指牵牛、织女二星。（3）银汉：银河。迢迢：遥远的样子。暗度：悄悄渡过。（4）金风玉露：指秋风白露。李商隐《辛未七夕》："恐是仙家好别离，故教迢递作佳期。由来碧落银河畔，可要金风玉露时。"（5）忍顾：怎忍回视。（6）朝朝暮暮：指朝夕相聚。语出宋玉《高唐赋》。

译文：

纤薄的云彩在天空中变幻多端，天上的流星传递着相思的愁怨，遥远无垠的银河今夜我悄悄渡过。在秋风白露的七夕相会，就胜过尘世间那些长相厮守却貌合神离的夫妻。

共诉相思，柔情似水，短暂的相会如梦如幻，分别之时不忍去看那鹊桥路。只要两情至死不渝，又何必贪求卿卿我我的朝欢暮乐呢。

赏析：

这是一曲纯情的爱情颂歌，上片写牛郎织女聚会，下片写他们的离别。全词哀乐交织，熔抒情与议论于一炉，融天上人间为一体，优美的形象与深沉的感情结合起来，起伏跌宕地讴歌了美好的爱情。此词议论自由流畅，通俗易懂，却又显得婉约蕴藉，余味无穷，尤其是末二句，使词的思想境界升华到一个崭新的高度，成为词中警句。

词一开始即写“纤云弄巧”，轻柔多姿的云彩，变化出许多优美巧妙的图案，显示出织女的手艺何其精巧绝伦。可是，这样美好的人儿，却不能与自己心爱的人共同过美好的生活。“飞星传恨”，那些闪亮的星星仿佛都传递着他们的离愁别恨，正飞驰长空。“银汉迢迢暗度”，以“迢迢”二字形容银河的辽阔，把两个相爱的人隔开，相见多么不容易！“暗度”二字既点“七夕”题意，同时紧扣一个“恨”字，他们踽踽宵行，千里迢迢来相会，“金风玉露一相逢，便胜却人间无数”。一对久别的情侣在金风玉露之夜、碧落银河之畔相会了，这美好的一刻，就抵得上人间千遍万遍的相会。词人把这次珍贵的相会，映衬于金风玉露、冰清玉洁的背景之下，显示出这种爱情的高尚纯洁和超凡脱俗。

“柔情似水”，那两情相会的情意啊，就像悠悠无声的流水，是那样的温柔缠绵。“柔情似水”，一夕佳期竟然像梦幻一般倏然而逝，才相见又分离，怎不令人心碎！“佳期如梦”，除言相会时间之短，还写出爱侣相会时的复杂心情。“忍顾鹊桥归路”，转写分离，刚刚借以相会的鹊桥，转瞬间又成了和爱人分别的归路。不说不忍离去，却说怎忍看鹊桥归路，婉转语意中，含有无限惜别之情，含有无限辛酸眼泪。

回顾佳期幽会，疑真疑假，似梦似幻，及至鹊桥言别，恋恋之情，已至于极。词笔至此忽又空际转身，爆发出高亢的音响：“两情若是久长时，又岂在朝朝暮暮！”秦观这两句词是爱情颂歌当中的千古绝唱，揭示了爱情的真谛：爱情要经得起长久分离的考验，只要能彼此真诚相爱，即使终年天各一方，也比朝夕相伴的庸俗情趣可贵得多。

【词林撷翠】

鹊桥仙·月波清霁 ［宋］欧阳修

月波清霁，烟容明淡，灵汉旧期还至。鹊迎桥路接天津，映夹岸、星榆点缀。

云屏未卷，仙鸡催晓，肠断去年情味。多应天意不教长，恁恐把、欢娱容易。

鹊桥仙·华灯纵博 ［南宋］陆游

华灯纵博，雕鞍驰射，谁记当年豪举。酒徒一半取封侯，独去作、江边渔父。

轻舟八尺，低篷三扇，占断苹洲烟雨。镜湖元自属闲人，又何必、君恩赐与。

鹊桥仙·月胧星淡 ［宋］谢薖

月胧星淡，南飞乌鹊，暗数秋期天上。锦楼不到野人家，但门外、清流叠嶂。

一杯相属，佳人何在，不见绕梁清唱。人间平地亦崎岖，叹银汉、何曾风浪。

鹊桥仙·说盟说誓 ［宋］蜀妓

说盟说誓，说情说意，动便春愁满纸。多应念得脱空经，是那个、先生教底。

不茶不饭，不言不语，一味供他憔悴。相思已是不曾闲，又那得、工夫咒你。

鹊桥仙·春情 ［宋］黄升

青林雨歇，珠帘风细，人在绿阴庭院。夜来能有几多寒，已瘦了、梨花一半。

宝钗无据，玉琴难托，合造一襟幽怨。云窗雾阁事茫茫，试与问、可杏双燕。

【雏凤清音】

鹊桥仙·次韵稼轩赠人作　顾承学

飞骑朔夜，天明未已，满月台荒路绝。萧萧落叶独一人，水共我，弹歌醉月。

关河冷落，星移斗转，折戟沉沙倦客。莫惜芳尊祭无情，又俯仰、离合一霎。

十、如梦令 [rú mèng lìng]

【词牌名片】

五代时后唐庄宗（李存勗）自度曲，本名“忆仙姿”，传苏轼以其词中有“如梦、如梦，残月落花烟重”句，遂改名为“如梦令”。别名“宴桃源”“比梅”“不见”“古记”“无梦令”“如意令”。单调，33字，七句。本调通体以六言句为主。第五、六句是叠句。除第三句外，其余各句均押仄声韵。

如梦令	昨夜雨疏风骤　［南宋］李清照
中仄中平平仄，	昨夜雨疏风骤，
中仄中平平仄。	浓睡不消残酒。
中仄仄平平，	试问卷帘人，
中仄仄平平仄。	却道海棠依旧。
平仄，	知否？
平仄，	知否？
中仄仄平平仄。	应是绿肥红瘦。

【经典鉴赏】

注释：

（1）雨疏风骤：雨点稀疏，晚风急猛。疏：指稀疏。（2）浓睡不消残酒：虽然睡了一夜，仍有余醉未消。浓睡：酣睡。残酒：尚未消散的醉意。（3）卷帘人：有学者认为此指侍女。（4）绿肥红瘦：绿叶繁茂，红花凋零。

译文：

昨夜雨虽然下得稀疏，风却刮得急猛，沉沉的酣睡却不能把残存的酒力全部消尽。问那正在卷帘的侍女：庭园里海棠花现在怎么样了？她说海棠花依然和昨天一样。你可知道，你可知道，这个时节应该是绿叶繁茂，红花凋零了。

赏析：

此词是李清照的早期词作，借宿酒醒后询问花事的描写，曲折委婉地表达了词人的惜花伤春之情，语言清新，词意隽永。

起首两句，辞面上虽然只写了昨夜饮酒过量，翌日晨起宿醒尚未尽消，但在这个辞面的背后还潜藏着另一层意思，那就是女词人不忍看到次日海棠花谢，所以昨夜在海棠花下才饮了过量的酒，直到今朝尚有余醉。三、四两句所写，是惜花心理的必然反映。尽管饮酒致醉一夜浓睡，但清晓酒醒后所关心的第一件事仍是园中海棠。词人情知海棠不堪一夜骤风疏雨的揉损，窗外定是残红狼藉，落花满眼，却又不忍亲见，于是试着向正在卷帘的侍女问个究竟。一个“试”字，将词人关心花事却又害怕听到花落的消息、不忍亲见落花却又想知道究竟的矛盾心理，表达得贴切入微，曲折有致。“试问”的结果——“却道海棠依旧。”侍女的回答却让词人感到非常意外。本来以为经过一夜风雨，海棠花一定凋谢得不成样子了，可是侍女卷起窗帘，看了看外面之后，却漫不经心地答道：海棠花还是那样。一个“却”字，既表明侍女对女主人委曲的心事毫无觉察，对窗外发生的变化无动于衷，也表明词人听到答话后感到疑惑不解。她想：“雨疏风骤”之后，“海棠”怎会“依旧”呢？这就非常自然地带出了结尾两句。“知否？知否？应是绿肥红瘦。”这既是对侍女的反诘，也像是自言自语：这个粗心的丫头，你知道不知道，园中的海棠应该是绿叶繁茂、红花稀少才是。这对白写出了诗画所不能道，写出了伤春易春的闺中人复杂的神情口吻，可谓传神之笔。“应是”，表明词人对窗外景象的推测与判断，口吻极当。末了的“绿肥红瘦”一语，更是全词的精绝之笔，历来为世人所称道。“绿”代替叶，“红”代替花，是两种颜色的对比；“肥”形容雨后的叶子因水分充足而茂盛肥大，“瘦”形容雨后的花朵因不堪雨打而凋谢稀少，是两种状态的对比。这种极富概括性的语言，又实在令人叹为观止。

【词林撷翠】

如梦令·曾宴桃源深洞 ［唐］李存勖

曾宴桃源深洞，一曲舞鸾歌凤。长记别伊时，和泪出门相送。如梦，如梦，残月落花烟重。

如梦令·为向东坡传语 ［宋］苏轼

为向东坡传语，人在玉堂深处。别后有谁来？雪压小桥无路。归去，归去，江上一犁春雨。

如梦令·遥夜沉沉如水 ［宋］秦观

遥夜沉沉如水，风紧驿亭深闭。梦破鼠窥灯，霜送晓寒侵被。无寐，无寐，门外马嘶人起。

如梦令·春景 ［宋］秦观

莺嘴啄花红溜，燕尾剪波绿皱。指冷玉笙寒，吹彻小梅春透。依旧，依旧，人与绿杨俱瘦。

如梦令·常记溪亭日暮 ［宋］李清照

常记溪亭日暮，沉醉不知归路。兴尽晚回舟，误入藕花深处。争渡，争渡，惊起一滩鸥鹭。

如梦令·正是辘轳金井 ［清］纳兰性德

正是辘轳金井，满砌落花红冷。蓦地一相逢，心事眼波难定。谁省，谁省，从此簟纹灯影。

如梦令·木叶纷纷归路 ［清］纳兰性德

木叶纷纷归路，残月晓风何处。消息半浮沈，今夜相思几许。秋雨，秋雨，一半西风吹去。

【雏凤清音】

如梦令·风紧夕颜零落　唐姗嘉

风紧夕颜零落，一曲旧词谁作？犹记梦闲时，影也把人抛躲。何若！何若！残月晓风曾过。

如梦令·观《三尺秋水尘不染》感怀　黄怡雯

炉梦晓窗尘漫，袅袅晴明没案。倚剑草庐间，清透聚欢离散。难断，难断，如是玉轮相伴。

十一、诉衷情［sù zhōng qíng］

【词牌名片】

原唐教坊曲，后用作词调名。唐温庭筠取《离骚》“众不可户说兮，孰云察余之中情”之意，创制此调，名曰“诉衷情”。别名“一丝风”“步花间”“桃花水”“偶相逢”“画楼空”“渔父家风”“诉衷情令”。双调，44字。上片四句，下片六句。上片第一、二、四句和下片第二、三、六句押韵，均押平声韵。

诉衷情

中平中仄仄平平，
中仄仄平平。
中平中仄平仄，
中仄仄平平。

平仄仄，
仄平平，
仄平平。
中平平仄，
中仄平平，
中仄平平。

当年万里觅封侯　［南宋］陆游

当年万里觅封侯，
匹马戍梁州。
关河梦断何处？
尘暗旧貂裘。

胡未灭，
鬓先秋，
泪空流。
此生谁料，
心在天山，
身老沧洲！

【经典鉴赏】

注释：

（1）万里觅封侯：奔赴万里外的疆场，寻找建功立业的机会。《后汉书·班超传》载：班超少有大志，尝曰，大丈夫……当效傅介子、张骞立功异域，以取封侯，安能久事笔砚间乎？（2）关河：关塞、河流。一说指潼关黄河之所在。此处泛指汉中前线险要的地方。梦断：梦醒。（3）尘暗旧貂裘：貂皮裘上落满灰尘，颜色为之暗淡。这里借用苏秦典故，说自己不受重用，未能施展抱负。据《战国策·秦策》载，苏秦游说秦王"书十上而不行，黑貂之裘敝，黄金百斤尽，资用乏绝，去秦而归"。（4）沧洲：靠近水的地方，古时常用来泛指隐士居住之地。谢朓《之宣城郡出新林浦向板桥》诗有"既欢怀禄情，复协沧州趣"句。这里是指作者位于镜湖之滨的家乡。

译文：

回忆当年鹏程万里为了寻找建功立业的机会，单枪匹马奔赴边境保卫梁州。如今防守边疆要塞的从军生活只能在梦中出现，梦一醒不知身在何处？灰尘已经盖满了旧时出征的貂裘。

胡人还未消灭，鬓边已呈秋霜，感伤的眼泪白白地淌流。这一生谁能预料，原想一心一意抗敌在天山，如今却一辈子老死于沧洲！

赏析：

这首词是作者晚年隐居山阴所写。作者于风雪之夜，孤灯之下，回首往事，梦游梁州。

开头"当年万里觅封侯，匹马戍梁州"两句，再现了词人往日壮志凌云，奔赴抗敌前线的勃勃英姿。"当年"指1172年（乾道八年），陆游来到南郑（今陕西汉中），投身四川宣抚使王炎幕下。在前线，他曾亲自参加过对金兵的遭遇战。"觅封侯"用班超投笔从戎、立功异域"以取封侯"的典故，写自己报效祖国，收拾旧河山的壮志。一个"觅"字显出词人当年的自许、自负、自信的雄心和坚定执着的追求精神。"万里"与"匹马"形成空间形象上的强烈对比，匹马征万里，呈现出一派卓荦不凡之气。"关河梦断何处，尘暗旧貂裘"，在南郑前线仅半年，陆游就被调离，从此关塞河防只能时时在梦中出现，而梦醒不知身在何处，只有旧时貂裘戎装，而且已是尘封色暗。一个"暗"字将岁月流逝，人事消磨，化作灰尘堆积的暗淡画面，心情饱含惆怅。这上片四句，两句写过去，两句写今天，大开大合，感慨无端。

换头处，“胡未灭，鬓先秋，泪空流”三个三字句，形式排比，意思贯珠。“胡未灭”联系上片，“万里觅封侯”，就是为了消灭敌人，但是“胡未灭”自己却已老了，双鬓都凋零了。“泪空流”，白白流泪，于时无补。“此生谁料，心在天山，身老沧洲。”结语更加深沉。“心在天山”虽用薛仁贵三箭定天山的典故，表明自己念念不忘北定中原，但是此身却终老江湖，对国事无能为力。“心在天山”，却“身老沧洲”，主观上想建功立业，客观却是终老家园，这种矛盾心态暗含了对朝廷屈辱投降政策的憎怒。

陆游这首词，确实饱含着人生的秋意，更融汇了对祖国炽热的感情，所以，词的情调体现出幽咽而又不失开阔深沉的特色，比一般仅仅抒写个人苦闷的作品显得更有力量，更为动人。

【词林撷翠】

诉衷情·小桃灼灼柳鬖鬖 ［宋］黄庭坚

小桃灼灼柳鬖鬖，春色满江南。雨晴风暖烟淡，天气正醺酣。
山泼黛，水挼蓝，翠相搀。歌楼酒旆，故故招人，权典青衫。

诉衷情·一鞭清晓喜还家 ［宋］万俟咏

一鞭清晓喜还家，宿醉困流霞。夜来小雨新霁，双燕舞风斜。
山不尽，水无涯，望中赊。送春滋味，念远情怀，分付杨花。

诉衷情·秋情 ［宋］吴文英

片云载雨过江鸥。水色澹汀洲。小莲玉惨红怨，翠被又经秋。
凉意思，到南楼。小帘钩。半窗灯晕，几叶芭蕉，客梦床头。

诉衷情·花前月下暂相逢 ［宋］张先

花前月下暂相逢。苦恨阻从容。何况酒醒梦断，花谢月朦胧。
花不尽，月无穷。两心同。此时愿作，杨柳千丝，绊惹春风。

诉衷情·夜寒茅店不成眠 ［宋］吴激

夜寒茅店不成眠，残月照吟鞭。黄花细雨时候，催上渡头船。

鸥似雪，水如天，忆当年。到家应是，童稚牵衣，笑我华颠。

诉衷情·夜来沉醉卸妆迟 ［宋］李清照

夜来沉醉卸妆迟。梅萼插残枝。酒醒熏破春睡，梦远不成归。
人悄悄，月依依。翠帘垂。更挼残蕊，更捻余香，更得些时。

诉衷情·青衫初入九重城 ［南宋］陆游

青衫初入九重城，结友尽豪英。蜡封夜半传檄，驰骑谕幽并。
时易失，志难城，鬓丝生。平章风月，弹压江山，别是功名。

【雏凤清音】

诉衷情·黄昏独自绕回廊 白清才

黄昏独自绕回廊，笑貌实难忘。欲将梦境重现，辗转夜绵长。
追往事，已心伤，久彷徨。何时相见，漫说离思，寸断柔肠。

十二、踏莎行［tà suō xíng］

【词牌名片】

相传北宋寇准与朋友在春日里的上巳节游春饮酒吟诗，轮到寇准吟诗时，他想起唐朝诗人韩翃“踏莎行草过春溪”的诗句，于是借着相似的意境吟道：“春色将阑，莺声渐老，红英落尽春梅小。画堂人静雨蒙蒙，屏山半掩余香袅。密约沉沉，离情杳杳，菱花尘满慵相照。倚楼无语欲销魂，长空黯淡连芳草。”寇准不但写下文字，同时也创作了曲调。当乐工问起这段词调的名字时，寇准欣然将之命名为“踏莎行”。词牌“踏莎行”的格式便由此确立下来。别名“柳长春”“喜朝天”“芳心苦”“踏雪行”“惜余春”。双调小令，58字。上下片各三仄韵。四言双起，例用对偶。又有“转调踏莎行”，66字，上下片各四仄韵。

踏莎行

中仄平平，
中平中仄，
中平中仄平平仄。
中平中仄仄平平，
中平中仄平平仄。

中仄平平，
中平中仄，
中平中仄平平仄。
中平中仄仄平平，
中平中仄平平仄。

郴州旅舍 ［宋］秦观

雾失楼台，
*月迷津**渡**，*
桃源望断无寻**处**。
可堪孤馆闭春寒，
杜鹃声里斜阳**暮**。

驿寄梅花，
*鱼传尺**素**，*
砌成此恨无重**数**。
郴江幸自绕郴山，
为谁流下潇湘**去**？

【经典鉴赏】

注释：

（1）郴（chēn）州：今属湖南。（2）雾失楼台：暮霭沉沉，楼台消失在浓雾中。月迷津渡：月色朦胧，渡口迷失不见。（3）桃源：语出晋陶渊明《桃花源记》，指生活安乐、合乎理想的地方。（4）可堪：怎堪，哪堪，受不住。（5）驿寄梅花：陆凯在《赠范晔诗》："折梅逢驿使，寄与陇头人。江南无所有，聊寄一枝春。"这里作者是将自己比作范晔，表示收到了来自远方的问候。（6）鱼传尺素：东汉蔡邕的《饮马长城窟行》中有"客从远方来，遗我双鲤鱼。呼儿烹鲤鱼，中有尺素书"。另外，古时舟车劳顿，信件很容易损坏，古人便将信件放入匣子中，再将信匣刻成鱼形，美观而又方便携带。"鱼传尺素"成了传递书信的又一个代名词。这里也表示接到朋友问候的意思。（7）砌：堆积。（8）为谁流下潇湘去：为什么要流到潇湘去呢？意思是连郴江都耐不住寂寞何况人呢？为谁：为什么。潇湘，潇水和湘水，是湖南境内的两条河流，合流后称湘江，又称潇湘。

译文：

雾迷蒙，楼台依稀难辨，月色朦胧，渡口也隐匿不见。望尽天涯，理想中的桃花源，无处觅寻。怎能忍受得了独居在孤寂的客馆，春寒料峭，斜阳西下，杜鹃声声哀鸣！

远方的友人的音信，寄来了温暖的关心和嘱咐，却平添了我深深的别恨离愁。郴江啊，你就绕着你的郴山流得了，为什么偏偏要流到潇湘去呢？

赏析：

此词为绍圣四年（1097）作者因坐党籍连遭贬谪于郴州旅店所写。

上片写谪居中寂寞凄冷的环境。开头三句，缘情写景，劈面推开一幅凄楚迷茫、黯然销魂的画面：漫天迷雾隐去了楼台，月色朦胧中，渡口显得迷茫难辨。“雾失楼台，月迷津渡。”对句工整，互文见义，是情景交融的佳句。“失”“迷”二字，既准确地勾勒出月下雾中楼台、津渡的模糊，又恰切地写出了作者无限凄迷的意绪。“桃源望断无寻处。”桃源，其地在武陵（今湖南常德），离郴州不远。词人站在旅舍久久观望，希望能找到当年陶渊明笔下的那块世外桃源。但即使“望断”，亦为枉然。着一“断”字，让人体味出词人久伫苦寻幻想境界的怅惘目光及其失望痛苦的心情。“可堪孤馆闭春寒，杜鹃声里斜阳暮。”春寒料峭时节，独处客馆，念往事烟霭纷纷，瞻前景不寒而栗。一个“闭”字，锁住了料峭春寒中的馆门，也锁住了那颗欲求拓展的心灵。更有杜鹃声声，催人“不如归去”，勾起旅人愁思；斜阳沉沉，正坠西土，怎能不触动一腔身世凄凉之感。

下片由叙实开始，写远方友人殷勤致意、安慰。“驿寄梅花，鱼传尺素。”连用两则有关友人投寄书信的典故，远方的亲友寄梅传素，送来安慰的信息，按理应该欣喜为是，但身为贬谪之词人，北归无望，徒添愁恨绵绵。故于第三句急转，“砌成此恨无重数”。一切安慰均无济于事，因为心中淤积太多的悲愤。结尾两句于极度愁闷中忽发奇想，埋怨江水无情，益见沉痛。“郴江”，发源于郴州东面的黄岑山，北流至郴口，与耒水会合后注入湘江。“幸自”，即本自；“为谁”，意犹为什么；“潇湘”，是潇水与湘水的合称。在作者看来，郴江本当始终环绕着郴山而流，如今它却北入湘江，一去不返，个中情由实令人百思不得其解。在作者对郴江故作不解的诘问中，分明倾注了他自己离乡远谪的无尽怨愤。

【词林撷翠】

踏莎行·候馆梅残 ［宋］欧阳修

候馆梅残，溪桥柳细，草薰风暖摇征辔。离愁渐远渐无穷，迢迢不断如春水。

寸寸柔肠，盈盈粉泪，楼高莫近危阑倚。平芜尽处是春山，行人更在春山外。

踏莎行·情似游丝 ［宋］周紫芝

情似游丝，人如飞絮，泪珠阁定空相觑。一溪烟柳万丝垂，无因系得兰舟住。

雁过斜阳，草迷烟渚，如今已是愁无数。明朝且做莫思量，如何过得今宵去！

雪中看梅花·两种风流 ［宋］王旭

两种风流，一家制作。雪花全似梅花萼。细看不是雪无香，天风吹得香零落。

虽是一般，惟高一着。雪花不似梅花薄。梅花散彩向空山，雪花随意穿帘幕。

踏莎行·春暮 ［宋］寇准

春色将阑，莺声渐老，红英落尽青梅小。画堂人静雨蒙蒙，屏山半掩余香袅。

密约沉沉，离情杳杳，菱花尘满慵将照。倚楼无语欲销魂，长空黯淡连芳草。

踏莎行·临水夭桃 ［宋］黄庭坚

临水夭桃，倚墙繁李。长杨风掉青骢尾。尊中有酒且酬春，更寻何处无愁地。

明日重来，落花如绮。芭蕉渐展山公启。欲笺心事寄天公，教人长对花前醉。

踏莎行·杨柳回塘 ［宋］贺铸

杨柳回塘，鸳鸯别浦。绿萍涨断莲舟路。断无蜂蝶慕幽香，红衣脱尽芳心苦。

返照迎潮，行云带雨。依依似与骚人语。当年不肯嫁春风，无端却被秋风误。

【雏凤清音】

踏莎行·梦锁重楼　白凤莲

梦锁重楼，晓窗著露，烟浓染柳花成簇。倦游向晚待君顾，徒留新泪泽青木。

锦瑟弦抚，雁归信误，黛眉无改年年蹙。常思巧笑剪灯初，知谁素手掩星目？

踏莎行·次韵稼轩夜月楼台　顾承学

一笠悲箫，千叶破宇。雨湿残灺舟归去。夜阑江静水盈掬，霜天万里凉如许。

泪眼婆娑，寒鸦乱舞。何妨醉墨无人处。云泥异路短篷迟，对花对酒愁风雨。

十三、武陵春［wǔ líng chūn］

【词牌名片】

《填词名解》云：（词调名）取唐人方干《睦州吕郎中郡中环溪亭》诗“为是仙才登望处，风光便似武陵春”。又以贺铸词中引用李白《清平调》“云想衣裳花想容”句，别名“花想容”。又名“武林春”。双调，48字。上下片各四句三平韵。李清照词为其变体，此变体下片末句添一字，双调49字，上下片亦四句三平韵。兹介绍李清照体。

武陵春	风住尘香花已尽　［南宋］李清照
中仄中平平仄仄，	风住尘香花已尽，
中仄仄平平。	日晚倦梳头。
中仄平平中仄平，	物是人非事事休，
中仄仄平平。	欲语泪先流。

中中中中中中仄，	闻说双溪春尚好，
中仄仄平平。	也拟泛轻舟。
中仄平平仄仄平，	只恐双溪舴艋舟，
中仄仄仄平平。	载不动许多愁。

【经典鉴赏】

注释：

（1）风住尘香：风停了，尘土里带有落花的香气。（2）物是人非：景物依旧，人事已变。这里暗指丈夫已死。（3）拟：打算。（4）双溪：浙江武义、东阳两江水流至金阳，并入婺江，两水合流处叫双溪。是当时的风景区。（5）舴（zé）艋（měng）舟：一种形似蚱蜢的小船。

译文：

春风停息，百花落尽，花朵化作了香尘，直到天色已晚还懒得梳头。风物依旧是原样，但人已经不同，一切事情都结束了，想要诉说苦衷，眼泪早已先落下。

听说双溪春色还未凋残，也打算坐只轻舟前往观赏。只是恐怕漂浮在双溪上的小船，载不动许多的忧愁。

赏析：

这首词是公元1135年（宋高宗绍兴五年）李清照避难浙江金华时所作。其时金兵进犯，丈夫既已病故，家藏的金石文物也散失殆尽，作者孑然一身，在连天烽火中漂泊流寓，历尽世路崎岖和人生坎坷，处境凄惨，内心极其悲痛。该词借暮春之景，写出了词人内心深处的苦闷和忧愁。

上片首句“风住尘香花已尽”简练含蓄，既点出此前风吹雨打、落红成阵的情景，又绘出如今雨过天晴、落花已化为尘土的韵味，既写出了作者雨天不得出外的苦闷，又写出了她惜春自伤的感慨，真可谓意味无穷尽。“日晚倦梳头”“欲语泪先流”，是描摹人物的外部动作和神态。这里所写的“日晚倦梳头”，是另外一种心境。这时她因金人南下，几经丧乱，志同道合的丈夫赵明诚早已逝世，自己只身流落金华，眼前所见的是一年一度的春景，睹物思人，物是人非，不禁悲从中来，感到万事皆休，无穷索寞。因此她日高方起，懒于梳理。“欲语泪先流”，写得鲜明而又深刻。这里李清照写泪，先以“欲语”作为铺垫，然后让泪夺眶而出，简单五个字，下语看似平易，用意却无比精深，把那种难以控制的满腹忧愁一下子倾泻出来，感人肺腑，动人心弦。

词的下片着重挖掘内心感情。她首先连用了“闻说”“也拟”“只恐”三组虚字，作为起伏转折的契机，一波三折，感人至深。第一句“闻说双溪春尚好”陡然一扬，词人刚刚还流泪，可是一听说金华郊外的双溪春光明媚，游人如织，她这个平日喜爱游览的人遂起出游之兴，“也拟泛轻舟”了。“春尚好”“泛轻舟”措辞轻松，节奏明快，恰到好处地表现了词人一刹那间的喜悦心情。而“泛轻舟”之前着“也拟”二字，更显得婉曲低回，说明词人出游之兴是一时所起，并不十分强烈。“轻舟”一词为下文的愁重做了很好的铺垫和烘托，至“只恐”二句，则是铺足之后来一个猛烈的跌宕，使感情显得无比深沉。这里，上阕所说的“日晚倦梳头”“欲语泪先流”的原因，也得到了深刻的揭示。

【词林撷翠】

武陵春·风过冰檐环佩响 ［宋］毛滂

风过冰檐环佩响，宿雾在华茵。剩落瑶花衬月明。嫌怕有纤尘。
凤口衔灯金炫转，人醉觉寒轻。但得清光解照人。不负五更春。

武陵春·南国家人推阿秀 ［宋］贺铸

南国佳人推阿秀，歌醉几相逢。云想衣裳花想容。春未抵情浓。
津亭回首青楼远，帘箔更重重。今夜扁舟泪不供。犹听隔江钟。

武陵春·桃李风前多妩媚 ［南宋］辛弃疾

桃李风前多妩媚，杨柳更温柔。唤取笙歌烂熳游。且莫管闲愁。
好趁春晴连夜赏，雨便一春休。草草杯盘不要收。才晓便扶头。

武陵春·人道有情须有梦 ［南宋］连静女

人道有情须有梦，无梦岂无情。夜夜相思直到明。有梦怎生成。
伊若忽然来梦里，邻笛又还惊。笛里声声不忍听。浑是断肠声。

【雏凤清音】

武陵春·辞友（李清照体）

人醉愁飞梦已醒，昼夜深沉淋。故友离去莫过惊，行行泪皆亲。
仿如前程将似锦，只欲别伤心。随波逐流望天星，看人间有真情！

十四、西江月［xī jiāng yuè］

【词牌名片】

原唐教坊曲，后用作词调名。调名取自李白《苏台览古》“只今唯有西江月，曾照吴王宫里人”。西江是长江的别称，暗指吴王与西施的故事。欧阳炯词《白苹香》有“两岸苹香暗起”句，因名，程珌词名“步虚词”，王行词名“江月令”。别名“晚香时候”“壶天晓”“玉炉三涧雪”“西江月慢”。清朝时在敦煌发现的唐代琵琶谱，犹存此调，但虚谱无词。双调，50字。上下片各四句，第二、三句押平声韵，结句各叶一仄韵。上片首二句例用对偶。

西江月

中仄中平平仄，
*中平中仄平**平**。*
中平中仄仄平**平**，
中仄平平中**仄**。

中仄中平平仄，
中平中仄平**平**。
中平中仄仄平**平**，
中仄平平中**仄**。

夜行黄沙道中［南宋］辛弃疾

明月别枝惊鹊，
*清风半夜鸣**蝉**。*
稻花香里说丰**年**，
听取蛙声一**片**。

七八个星天外，
两三点雨山**前**。
旧时茅店社林**边**，
路转溪桥忽**见**。

【经典鉴赏】

注释：

（1）别枝惊鹊：惊动喜鹊飞离树枝。（2）社林：土地庙附近的树林。社，土地神庙。古时，村有社树，为祀神处，故曰社林。（3）忽见：忽现，指小店忽然出现。见：同“现”，显现，出现。

译文：

天边的明月升上了树梢，惊飞了栖息在枝头的喜鹊。清凉的晚风仿佛吹来了远处的蝉叫声。在稻花的香气里，人们谈论着丰收的年景，耳边传来一阵阵青蛙的叫声，好像在说着丰收年。

天空中轻云漂浮，闪烁的星星时隐时现，山前下起了淅淅沥沥的小雨，诗人急急从小桥过溪想要躲雨，往日，土地庙附近树林旁的茅屋小店哪里去了？拐了弯，茅店忽然出现在他的眼前。

赏析：

公元1181年（宋孝宗淳熙八年），辛弃疾因受奸臣排挤被罢官，开始到上饶居住，并在此生活了近15年。期间经常去城郊的黄沙岭浏览，并写下了多首词，本词是其中之一。

上片前两句“明月别枝惊鹊，清风半夜鸣蝉”，表面看来写的是风、月、蝉、鹊这些极其平常的景物，然而经过作者巧妙的组合，就显得不平常了。鹊儿惊飞不定，不是盘旋在一般树头，而是飞绕在横斜突兀的枝干之上。因为月光明亮，所以鹊儿被惊醒了；而鹊儿惊飞，自然也就会引起“别枝”摇曳。同时，知了的鸣叫声也有其一定的时间。夜间的鸣叫声不同于烈日炎炎下的嘶鸣，而当凉风徐徐吹拂时，往往感到特别清幽。接下来“稻花香里说丰年，听取蛙声一片”，把人们的关注点从长空转移到田野，表现了词人不仅为夜间黄沙道上的柔和情趣所浸润，更关心扑面而来的漫村遍野的稻花香，又由稻花香而联想到即将到来的丰年景象。

下片则略显波澜变幻，“七八个星天外，两三点雨山前”，在这里，“星”是寥落的疏星，“雨”是轻微的阵雨，这些都是为了与上片的清幽夜色、恬静气氛和朴野成趣的乡土气息相吻合。接下来笔锋再转，小桥一过，乡村林边茅店的影子却意想不到地展现在人们的眼前，既衬出了词人骤然间看出了分明临近旧屋的欢欣，又表达了他由于沉浸在稻花香中以至忘了道途远近的怡然自得的入迷程度，相得益彰，体现了作者深厚的艺术功底，令人玩味无穷。

【词林撷翠】

西江月·佳人 ［宋］司马光

宝髻松松挽就，铅华淡淡妆成。红烟翠雾罩轻盈，飞絮游丝无定。

相见争如不见，有情还似无情。笙歌散后酒微醒，深院月明人静。

西江月·凤额绣帘高卷 ［宋］柳永

凤额绣帘高卷，兽环朱户频摇。两竿红日上花稍，春睡厌厌难觉。
好梦狂随飞絮，闲愁浓胜香醪。不成雨暮与云朝，又是韶光过了。

西江月·问讯湖边春色 ［宋］张孝祥

问讯湖边春色，重来又是三年。东风吹我过湖船，杨柳丝丝拂面。
世路如今已惯，此心到处悠然。寒光亭下水如天，飞起沙鸥一片。

西江月·遣兴 ［南宋］辛弃疾

醉里且贪欢笑，要愁那得工夫。近来始觉古人书，信著全无是处。
昨夜松边醉倒，问松“我醉何如”。只疑松动要来扶，以手推松曰“去”！

【雏凤清音】

西江月·江山渔船有限 包爽

江山渔船有限，堤边乱花无穷。一丝乡愁问东风，举头明月忽梦。
几处落红小院，谁家松柏翠栊。乡里乡外一般同，偏是浓酒愁重。

十五、相见欢［xiāng jiàn huān］

【词牌名片】

原唐教坊曲，后用作词调名。南唐后主李煜亡国归宋后曾以此调作《无言独上西楼》词。古人云“亡国之音哀以思”，诗人身为亡国之君，故宫禾黍，感事怀人，诚有不堪回首之悲，哀之痛、思之切都深沉而含蓄地体现在这首词中。又名“忆真妃”“上西楼”“西楼子”“秋夜月”“月上瓜州”。宋人又名之为“乌夜啼”。双调，36字。上片三平韵，下片两平韵，过片处错叶两仄韵。两片的结句均为九言，宜于第二字略豆。

相见欢	无言独上西楼 ［南唐］李煜
中平中仄平**平**， 仄平**平**。 中仄中平平仄仄平**平**。 中中**仄**， 中平**仄**， 仄平**平**。 中仄中平平仄仄平**平**。	无言独上西**楼**， 月如**钩**。 寂寞梧桐深院锁清**秋**。 剪不**断**， 理还**乱**， 是离**愁**。 别是一般滋味在心**头**。

【经典鉴赏】

注释：

（1）锁清秋：被秋色深深笼罩。（2）剪，一作翦。（3）离愁：指去国之愁。（4）别是一般：另有一种意味。

译文：

默默无言，孤孤单单，独自一人缓缓登上空空的西楼。抬头望天，只有一弯如钩的冷月相伴。低头望去，只见梧桐树寂寞地孤立院中，幽深的庭院被笼罩在清冷凄凉的秋色之中。

那剪也剪不断，理也理不清，让人心乱如麻的，正是亡国之苦。那悠悠愁思缠绕在心头，却又是另一种无可名状的痛苦。

赏析：

《相见欢·无言独上西楼》是南唐后主李煜被囚于宋时所作。

这首词上片选取典型的景物为感情的抒发渲染铺垫。首句“无言独上西楼”将人物引入画面。“无言”二字活画出词人的愁苦神态，“独上”二字勾勒出作者孤身登楼的身影，揭示了词人内心深处隐寓的很多不能倾诉的孤寂与凄婉。“月如钩，寂寞梧桐深院锁清秋”，形象地描绘出了词人登楼所见之景。缺月、梧桐、深院、清秋，这一切无不渲染出一种凄凉的境界，反映出词人内心的孤寂之情，同时也为下片的抒情做好铺垫。

下片借用形象的比喻委婉含蓄地抒发真挚的感情。“剪不断，理还乱，是离愁。”前人以“丝”谐音“思”，用来比喻思念，如李商隐“春蚕到死丝方尽，蜡炬成灰泪始干”就是大家熟悉的名句。李煜用“丝”来比喻“离愁”，别有一番新意。然而丝长可以剪断，丝乱可以整理，而那千丝万缕的“离愁”却是“剪不断，理还乱”。这位昔日的南唐后主如今已是亡国奴、阶下囚，经受了国破家亡的痛苦折磨，这诸多的愁苦悲恨哽咽于词人的心头难以排遣。末句“别是一般滋味在心头”，紧承上句写出了李煜对愁的体验与感受，他作为一个亡国之君，一个苟延残喘的囚徒，只能用极其婉转而又无奈的笔调，表达了心中复杂而又不可言喻的愁苦与悲伤。

【词林撷翠】

相见欢·林花谢了春红 ［南唐］李煜

林花谢了春红，太匆匆，无奈朝来寒雨晚来风。
胭脂泪，相留醉，几时重，自是人生长恨水长东。

相见欢·晓窗梦到昭华 ［南唐］冯延巳

晓窗梦到昭华，向琼家。攲枕残妆一朵，卧枝花。
情极处，却无语，玉钗斜。翠阁银屏回首，已天涯。

相见欢·秋思 ［宋］毛滂

十年湖海扁舟，几多愁。白发青灯今夜、不宜秋。
中庭树，空阶雨，思悠悠。寂寞一生心事、五更头。

相见欢·金陵城上西楼 ［宋］朱敦儒

金陵城上西楼，倚清秋。万里夕阳垂地、大江流。
中原乱，簪缨散，几时收。试倩悲风吹泪、过扬州。

相见欢·微云一抹遥峰 ［清］纳兰性德

微云一抹遥峰，冷溶溶，恰与个人清晓画眉同。
红蜡泪，青绫被，水沉浓，却与黄茅野店听西风。

相见欢·秋风吹到江村 ［清］顾彩

秋风吹到江村，正黄昏，寂寞梧桐夜雨不开门。
一叶落，数声角，断羁魂，明日试看衣袂有啼痕。

【雏凤清音】

相见欢·天高水远山迢

天高水远山迢，意难消。不忍登高临远故乡遥。
碧水井，照孤影，泪轻抛。月露寒霜心意满萧条。

十六、忆江南 [yì jiāng nán]

【词牌名片】

“忆江南”，本名“谢秋娘”。唐段安节《乐府杂录·望江南》：“始自朱崖李太尉镇浙西日，为亡妓谢秋娘所撰。”后来白居易曾依其句格而做《忆江南》三首，因白词中有“能不忆江南”句，遂名“忆江南”。此词别名很多，因白词中有“江南好”“江南忆”等句，又名“江南好”“江南忆”；刘禹锡词中有“春去也，多谢洛城人”句，又名“春去也”；温庭筠词有“梳洗罢，独倚望江楼”句，又名“望江楼”；皇甫松词有“闲梦江南梅熟日”句，又名“梦江南”“梦江口”；李煜写《望江梅》。唐五代时此调均为单调，至宋始为双调。王安中词有“安阳好”句，名“安阳好”；张巍词有“飞梦去，闲到玉京游”句，名为“梦游仙”；蔡真人词有“铿铁板，闲引步虚声”句，名“步虚声”；宋自逊词名“壶山好”，丘长春词名“望蓬莱”，《太平乐府》将此调命名为“归塞北”。本调有单调、双调诸体，兹介绍单调一体。单调，27字。第二、四、五句押平声韵。中间七言两句，以对偶为宜。第二句亦有添一衬字者。

忆江南

平中仄，
中仄仄平平。
中仄中平平仄仄，
中平中仄仄平平。
中仄仄平平。

梳洗罢 ［唐］温庭筠

梳洗罢，
独倚望江楼。
过尽千帆皆不是，
斜晖脉脉水悠悠，
肠断白蘋洲！

【经典鉴赏】

注释：

（1）斜晖：日落前的日光。晖：阳光。脉脉：本作“眽眽”，凝视貌。《古诗十九首》有“盈盈一水间，脉脉不得语”。后多用以示含情欲吐之意。（2）肠断：形容极度悲伤愁苦。白蘋（pín）：水中浮草，色白。古时男女常采蘋花赠别。洲：水边陆地。

译文：

梳洗完毕，独自一人登上望江楼，倚靠着楼柱凝望着滔滔江面。上千艘船过去了，所盼望的人都没有出现。太阳的余晖脉脉地洒在江面上，江水慢慢地流着，思念的柔肠萦绕在那片白蘋洲上。

赏析：

《望江南·梳洗罢》是一首写闺怨的小令。此词以江水、远帆、斜阳为背景，截取倚楼颙望这一场景，以空灵疏荡之笔塑造了一个望夫盼归、凝愁含恨的思妇形象。

起句“梳洗罢”，看似平平，但内容丰富，是特定的人物（思妇），在特定条件（准备迎接久别的爱人归来）下，一种特定情绪（喜悦和激动）的反映。接着，出现了一幅广阔、多彩的艺术画面。“独倚望江楼”，以江为背景，楼为主体，焦点是独倚的人。这时的女子，感情是复杂的，随着时间的推移，情绪是变化的。初登楼时兴奋喜悦，久等不至而焦急，还有对往日的深沉追怀……“过尽千帆皆不是”是全词感情上的大转折，这句和起句的欢快情绪形成对照，鲜明而强烈，又和“独倚望江楼”的空寂焦急相联结，承上而启下。船尽江空，人何以堪！希望落空，幻想破灭，这时映入她眼帘的是“斜晖脉脉水悠悠”，落日流水本是没有生命的无情物，但在此时此地的思妇眼里，成了多愁善感的有情者。这是她的痛苦心境移情于自然物而产生的一种联想类比。斜阳欲落未落，对失望女子含情脉脉，不忍离去，悄悄收着余晖，不尽江水似乎也懂得她的心情，悠悠无语流去。

该词以女子一日之生活为线索，可想象日日如此，其哀怨可知。从时间上，从早到晚；从空间上，从眼前之洲到极目之远帆；从情绪上，从希望到失望；从程度上，从一帆到千帆，从每一帆之小失望到黄昏之最后大失望，气氛渲染到高潮，然后以旧游之处结束。

【词林撷翠】

忆江南·江南好 ［唐］白居易

江南好，风景旧曾谙。日出江花红胜火，春来江水绿如蓝。能不忆江南?

梦江南·兰烬落 ［唐］皇甫松

兰烬落，屏上暗红蕉。闲梦江南梅熟日，夜船吹笛雨潇潇。人语驿边桥。

梦江南·千万恨 ［唐］温庭筠

千万恨，恨极在天涯。山月不知心里事，水风空落眼前花。摇曳碧云斜。

梦江南·楼上寝 ［唐］温庭筠

楼上寝，残月下帘旌。梦见秣陵惆怅事，桃花柳絮满江城。双髻坐吹笙。

望江南·闲梦远 ［南唐］李煜

闲梦远，南国正清秋。千里江山寒色远，芦花深处泊孤舟。笛在月明楼。

望江南·多少恨 ［南唐］李煜

多少恨，昨夜梦魂中。还似旧时游上苑，车如流水马如龙。花月正春风。

望江南·多少泪 ［南唐］李煜

多少泪，断脸复横颐。心事莫将和泪说，凤笙休向泪时吹。肠断更无疑。

【雏凤清音】

梦江南·长廊下庄著

长廊下，笛咽水空鸣。吹面荷风缘数起，斜檐暮雨两三声。一曲诉平生。

十七、虞美人［yú měi rén］

【词牌名片】

此调原为唐教坊曲，初咏项羽宠姬虞美人，因以为名。古代词开始大体以所咏事物为题，配乐歌唱逐渐形成固定曲调，后即开始名为调名即词牌，“虞美人”即是如此。别名“虞美人令”“忆柳曲”“一江春水”“玉壶冰”“巫山十二峰”。双调，56字。上下片各四句，皆为两仄韵转两平韵。

虞美人

中平中仄平平**仄**，
中仄平平**仄**。
中平中仄仄平**平**，
中仄中平平仄仄平**平**。

中平中仄平平**仄**，
中仄平平**仄**。
中平中仄仄平**平**，
中仄中平平仄仄平**平**。

春花秋月何时了 ［南唐］李煜

春花秋月何时**了**，
往事知多**少**。
小楼昨夜又东**风**，
故国不堪回首月明**中**！

雕栏玉砌应犹**在**，
只是朱颜**改**。
问君能有几多**愁**？
恰似一江春水向东**流**。

【经典鉴赏】

注释：

（1）了：了结，完结。（2）故国：指南唐故都金陵（今南京）。（3）砌：台阶。雕栏玉砌：指远在金陵的南唐故宫。应犹：一作“依然”。（4）朱颜改：指所怀念的人已衰老。朱颜，红颜，少女的代称，这里指南唐旧日的宫女。（5）君：作者自称。

译文：

这年的时光什么时候才能了结，往事知道有多少？昨夜小楼上又吹来了春风，在这皓月当空的夜晚，怎承受得了回忆故国的伤痛！

精雕细刻的栏杆、玉石砌成的台阶应该还在，只是所怀念的人已衰老。要问我心中有多少哀愁，就像这不尽的滔滔春水滚滚东流。

赏析：

这首词是李煜的代表作，也是唐宋词中的名篇。李煜以帝王之尊度过三年“日夕以泪洗面”的囚禁生活，受尽屈辱，尝尽辛酸，最后被宋太宗用药毒害而死。这首词可以看作是他临终前绝命词，据说这首词中抒写自己的悲恨和怀念故国，因而成为他被害的直接原因之一。词中吟咏感叹自己的身世和遭遇，诉说自己的悲剧命运和人生愁恨，追怀往事，怀念故国，表达了亡国之痛。

词的开头一句就极为沉痛。春花秋月本是美好的事物，可是作者却以怨恨的口吻发出诘问："春花呀，秋月呀，什么时候才能终了呢？"因为春花秋月只会引起他对往事的追忆，而往事桩桩件件都会令人心碎。"小楼昨夜又东风，故国不堪回首月明中"，因偷生人间，历尽折磨，感到这种非人的生活、痛苦的折磨没有尽头，而往日的一切又不堪回首，只能更加增添悲愁。

下片承上，因故国月明进一步联想，旧日的宫殿犹在，而江山易主，人事已非，回想起来真是肝肠寸断，凄惨之至。结尾两句自问自答，把蕴蓄于胸中的悲愁悔恨曲折有致地倾泻出来，凝成最后的千古绝唱——"问君能有几多愁？恰似一江春水向东流。"诗人先用发人深思的设问，点明抽象的本体"愁"，接着用生动的喻体奔流的江"水"作答。用满江的春水来比喻满腹的愁恨，极为贴切形象，不仅显示了愁恨的悠长深远，而且显示了愁恨的汹涌翻腾，充分体现出奔腾中的感情所具有的力度和深度。

全词以明净、凝练、优美、清新的语言，运用比喻、比拟、对比、设问等多种修辞手法，高度地概括和淋漓尽致地表达了诗人的真情实感。

【词林撷翠】

虞美人·碧桃天上栽和露　［宋］秦观

碧桃天上栽和露，不是凡花数。乱山深处水萦洄，可惜一枝如画为谁开。
轻寒细雨情何限，不道春难管。为君沉醉又何妨，只怕酒醒时候断人肠。

虞美人·春愁　［南宋］陈亮

东风荡漾轻云缕，时送萧萧雨。水边画榭燕新归，一口香泥湿带、落花飞。
海棠糁径铺香绣，依旧成春瘦。黄昏庭院柳啼鸦，记得那人和月、折梨花。

虞美人·听雨　［南宋］蒋捷

少年听雨歌楼上，红烛昏罗帐。壮年听雨客舟中，江阔云低断雁叫西风。
而今听雨僧庐下，鬓已星星也。悲欢离合总无情，一任阶前点滴到天明。

虞美人·曲阑深处重相见　［清］纳兰性德

曲阑深处重相见，匀泪偎人颤。凄凉别后两应同，最是不胜清怨月明中。

半生已分孤眠过，山枕檀痕涴。忆来何事最销魂，第一折枝花样画罗裙。

【雏凤清音】

虞美人·读书有感　张泽瑞

金戈铁马征不休，古今多少忧。关山羌笛沙场忙，乱世飘摇把酒仗剑狂。
大漠饮血孤魂泣，唯有烽烟急。千里蛮荒谁与共？打马纵歌恩仇谈笑中。

十八、玉楼春［yù lóu chūn］

【词牌名片】

调名取白居易“玉楼宴罢醉和春”诗意。词谱谓五代后蜀顾敻词起句有“月照玉楼春漏促”“柳映玉楼春欲晚”句，欧阳炯起句有“日照玉楼花似锦”“春早玉楼烟雨夜”句，因取以调名（或加字令）。又一说，《词苑》云：李后主宫中未尝点烛，每夜则悬大宝珠，光照一室，尝赋《玉楼春》词。别名“玉楼春令”“春晓曲”“西湖曲”“惜春容”“归朝欢令”“呈纤手”“归风便”“东邻妙”“梦乡亲”“续渔歌”。双调，56字。上下片各四句，每句七言；除第三句外，其余各句皆押韵，均用仄声韵，一韵到底。

玉楼春

中平中仄平平仄，
中仄中平平仄仄。
中平中仄仄平平，
中仄中平平仄仄。

中平中仄平平仄，
中仄中平平仄仄。
中平中仄仄平平，
中仄中平平仄仄。

东城渐觉风光好　［宋］宋祁

东城渐觉风光**好**，
縠皱波纹迎客**棹**。
绿杨烟外晓寒轻，
红杏枝头春意**闹**。

浮生长恨欢娱**少**，
肯爱千金轻一**笑**？
为君持酒劝斜阳，
且向花间留晚**照**。

【经典鉴赏】

注释：

（1）縠（hú）皱波纹：形容波纹细如皱纹。縠皱：即绉纱，有皱褶的纱。棹：船桨，此指船。（2）闹：浓盛。（3）浮生：指飘浮无定的短暂人生。（4）肯爱：岂肯吝惜，即不吝惜。一笑：特指美人之笑。（5）持酒：端起酒杯。

译文：

信步东城感到春光越来越好，绉纱般的水波上船儿慢摇。条条绿柳在霞光晨雾中轻摆曼舞，粉红的杏花开满枝头春意妖娆。

总是抱怨人生短暂欢娱太少，怎肯为吝惜千金轻视欢笑？让我为你举起酒杯奉劝斜阳，请留下来把晚花照耀。

赏析：

此词上片从游湖写起，讴歌春色，描绘出一幅生机勃勃、色彩鲜明的早春图。“东城”句，总说春光渐好；“縠皱”句以拟人化手法，将轻柔水波写得生动、亲切而又富于灵性。“绿杨”句写远处杨柳如烟，一片嫩绿，虽是清晨，寒气却很轻微。“红杏”句专写杏花，以杏花的盛开衬托春意之浓。词人以拟人手法，着一“闹”字，将烂漫的大好春光描绘得活灵活现，呼之欲出。

下片则一反上片的明艳色彩、健朗意境，言人生如梦，虚无缥缈，匆匆即逝，因而应及时行乐，反映出“浮生若梦，为欢几何”的寻欢作乐思想。“浮生”二字，点出珍惜年华之意；“为君”二句，写词人为使这次春游得以尽兴，要为同时冶游的朋友举杯挽留夕阳，请它在花丛间多陪伴些时候。表现词人依恋春光的情感，情极浓丽。全词收放自如，井井有条，用语华丽而不轻佻，言情直率而不扭捏，把对时光的留恋、对美好人生的珍惜写得韵味十足，堪称千古佳作。

作者宋祁因词中“红杏枝头春意闹”一句而名扬词坛，被世人称作红杏尚书。

【词林撷翠】

玉楼春·尊前拟把归期说 ［宋］欧阳修

尊前拟把归期说，未语春容先惨咽。人生自是有情痴，此恨不关风与月。

离歌且莫翻新阕，一曲能教肠寸结。直须看尽洛城花，始共春风容易别。

玉楼春·别后不知君远近 ［宋］欧阳修

别后不知君远近，触目凄凉多少闷。渐行渐远渐无书，水阔鱼沉何处问。
夜深风竹敲秋韵，万叶千声皆是恨。故欹单枕梦中寻，梦又不成灯又烬。

玉楼春·春恨 ［宋］晏殊

绿杨芳草长亭路，年少抛人容易去。楼头残梦五更钟，花底离愁三月雨。
无情不似多情苦，一寸还成千万缕。天涯地角有穷时，只有相思无尽处。

玉楼春·东风又作无情计 ［宋］晏几道

东风又作无情计，艳粉娇红吹满地。碧楼帘影不遮愁，还似去年今日意。
谁知错管春残事，到处登临曾费泪。此时金盏直须深，看尽花落能几醉。

玉楼春·戏赋云山 ［南宋］辛弃疾

何人半夜推山去？四面浮云猜是汝。常时相对两三峰，走遍溪头无觅处。
西风瞥起云横度，忽见东南天一柱。老僧拍手笑相夸，且喜青山依旧住。

玉楼春·风前欲劝春光住 ［南宋］辛弃疾

风前欲劝春光住，春在城南芳草路。未随流落水边花，且作飘零泥上絮。
镜中已觉星星误，人不负春春自负。梦回人远许多愁，只在梨花风雨处。

【雏凤清音】

玉楼春·江南寂寞东风误 崔晓瑶

江南寂寞东风误，往事断肠凝望处。相思岁月几时休，知否故人着旧素。
阑干独倚愁风雨，不见扁舟归去路。斜阳冉冉渐黄昏，了却暗香深院赋。

十九、鹧鸪天［zhè gū tiān］

【词牌名片】

《填词名解》：“采郑嵎诗：‘春游鸡鹿塞，家在鹧鸪天。’”按鹧鸪为乐谓名。许浑《听歌鹧鸪》诗：“南国多倩多艳词，鹧鸪清怨绕梁飞。”

郑谷《迁客》诗："舞夜闻横笛，可堪吹鹧鸪？"又《宋史乐志》引姜夔言："今大乐外，有曰夏笛鹧鸪，沈滞郁抑，失之太浊。"故鹧鸪似为一种笙笛类之乐调，词名或与"瑞鹧鸪"同取义于此。至元马臻诗"春回苜蓿地，笛怨鹧鸪天"，则似已指词调矣。调始见于北宋宋祁之作，至晏几道填此词独多。另，"鹧鸪天"也是曲牌名。别名有"思佳客""思越人""醉梅花""半死梧""于中好""剪朝霞""骊歌一叠"。双调，55字。上片四句，下片五句。上片第一、二、四句和下片第二、三、五句押韵，均用平声韵。上片第三、四句与过片三言两句多作对偶。全词实由七绝两首合并而成，唯下片换头，改第一句为三字两句。

鹧鸪天

中仄平平中仄平，
中平中仄仄平平。
中平中仄平平仄，
中仄平平中仄平。

平仄仄，
仄平平。
中平中仄仄平平。
中平中仄平平仄，
中仄平平中仄平。

代人赋 ［南宋］辛弃疾

晚日寒鸦一片愁，
柳塘新绿却温柔。
若教眼底无离恨，
不信人间有白头。

肠已断，
泪难收，
相思重上小红楼。
情知已被山遮断，
频倚阑干不自由。

【经典鉴赏】

注释：

（1）代人赋：这首词是作者代一位妇女赋的。（2）晚日：夕阳。（3）寒鸦：黄昏时归巢的乌鸦。（4）新绿：初春草木显现的嫩绿色。（5）教：使，令。眼底：眼中，眼睛跟前。（6）白头：犹白发。形容年老。（7）情知：明知。（8）阑干：栏杆。阑，同"栏"。

译文：

落日里寒鸦归巢勾起我一片思愁。只有池塘柳树发出嫩绿的新芽显出温柔。如果不是眼下亲自遭遇离愁别恨的折磨，根本不会相信这世上真会有人伤心白头。

离肠寸断，泪流难收。怀着相思之情，又一次登上了小红楼。明明知道乱山无数，遮断了远方的天空，可还是不由自主地靠在栏杆上，一直凝望而不能罢休。

赏析：

这首《鹧鸪天》，题下注明“代人赋”，说明词中抒情主人公并非作者自己，而是代一位妇女赋的。那位妇女的意中人刚离开她走了，她正处于无限思念、无限悲伤的境地。

上片先从写景下笔：“晚日寒鸦一片愁，柳塘新绿却温柔。”“柳塘新绿”，点明季节为早春；“晚日寒鸦”，点明时间是傍晚。这是送人归来后的眼中景。这景，是衬情之景。太阳即将落山，寒鸦正在归巢，极易令人引起对旧人的怀念，所以在“晚日寒鸦”之后，紧接上了“一片愁”三字以抒其情。“柳塘新绿”是美好的景色，当是女主人心底的一缕“温柔”之情，使她眼里看出了景色的“温柔”。接下来的“若教眼底无离恨，不信人间有白头”，紧承上文的“一片愁”，是假设，是愿望，同时也是深沉的感叹。这“眼底”的“离恨”，联系上文，又是“一片愁”原因的展现。“不信人间有白头”，是以“眼底无离恨”为条件的，既然是“眼底”充满了“离恨”的，那么“人间”就只能“有白头”了。这两句的言外之意，是殷切地希望“眼底”真的“无离恨”，“人间”永远无“白头”。

过片以下，愁思进入另一层次，即由概括地说“一片愁”，变为通过具体行为来写“相思”之情，深化“一片愁”。“肠已断，泪难收，相思重上小红楼”是一个行为，极写女主人公离别之恨、相思之深。离恨相思，她内心已是柔肠寸断，外表则是盈盈粉泪难收，“重上小红楼”。“小红楼”，当是她与自己心上人曾经共同登临和欢愉的地方。此时“重上”这“小红楼”，恐怕还是为要重温昔日携手并肩、恩恩爱爱的欢乐，幻想着心上人可能仍在楼上。结尾的“情知已被山遮断，频倚阑干不自由”，进一步表现女主人公的痴情。这里的“频”字，正与“重”字呼应。她理智上清清楚楚地知道，视线已被青山遮断，心上人是看不到的，然而对情人的思念使自己不能自已，一而再、再而三地去倚靠着楼上的阑干远望。明知凭栏无用，仍要一次又一次地倚靠阑干而远望。其痴情若此，令人感叹！以“频倚阑干不自由”这句作结，实有“神馀言外”之妙。

【词林撷翠】

鹧鸪天·林断山明竹隐墙 [宋]苏轼

林断山明竹隐墙，乱蝉衰草小池塘。翻空白鸟时时见，照水红蕖细细香。
村舍外，古城旁，杖藜徐步转斜阳。殷勤昨夜三更雨，又得浮生一日凉。

鹧鸪天·枝上流莺和泪闻 [宋]秦观

枝上流莺和泪闻，新啼痕间旧啼痕。一春鱼鸟无消息，千里关山劳梦魂。
无一语，对芳尊。安排肠断到黄昏。甫能炙得灯儿了，雨打梨花深闭门。

鹧鸪天·十里楼台倚翠微 [宋]晏几道

十里楼台倚翠微。百花深处杜鹃啼。殷勤自与行人语，不似流莺取次飞。
惊梦觉，弄晴时。声声只道不如归。天涯岂是无归意，争奈归期未可期。

鹧鸪天·重过阊门万事非 [宋]贺铸

重过阊门万事非，同来何事不同归？梧桐半死清霜后，头白鸳鸯失伴飞。
原上草，露初晞。旧栖新垅两依依。空床卧听南窗雨，谁复挑灯夜补衣？

鹧鸪天·别情 [宋]聂胜琼

玉惨花愁出凤城，莲花楼下柳青青。尊前一唱阳关曲，别个人人第五程。
寻好梦，梦难成。有谁知我此时情，枕前泪共阶前雨，隔个窗儿滴到明。

鹧鸪天·壮岁旌旗拥万夫 [南宋]辛弃疾

壮岁旌旗拥万夫，锦襜突骑渡江初。燕兵夜娖银胡觮，汉箭朝飞金仆姑。
追往事，叹今吾，春风不染白髭须。都将万字平戎策，换得东家种树书。

鹧鸪天·一点残红欲尽时 [南宋]周紫芝

一点残红欲尽时，乍凉秋气满屏帏。梧桐叶上三更雨，叶叶声声是别离。
调宝瑟，拨金猊，那时同唱鹧鸪词。如今风雨西楼夜，不听清歌也泪垂。

鹧鸪天·楼上谁将玉笛吹 [南宋]张炎

楼上谁将玉笛吹？山前水阔暝云低。劳劳燕子人千里，落落梨花雨一枝。

修禊近，卖饧时。故乡惟有梦相随。夜来折得江头柳，不是苏堤也皱眉。

鹧鸪天·祖国沉沦感不禁 ［清］秋瑾

祖国沉沦感不禁，闲来海外觅知音。金瓯已缺总须补，为国牺牲敢惜身！
嗟险阻，叹飘零。关山万里作雄行。休言女子非英物，夜夜龙泉壁上鸣。

【雏凤清音】

鹧鸪天·美景良辰伴笑颜 李剑章

予读《亮剑》之尾声，见田雨引陈简斋之《临江仙》以为绝笔。读后心怀感念，久不能平。遂翻其意，成此拙作也。

美景良辰伴笑颜，当年欢唱故楼边。三番好意归琴瑟，几度深情作管弦。
观浅海，看桑田。谁言旧事付闲谈。元知黑夜行将逝，风住雨停是晴天。

二十、醉花阴［zuì huā yīn］

【词牌名片】

调见宋毛滂《东堂词》，因其词有“人在翠阴中……劝君对客杯须覆”，故取其意作词调名。《琅环记》云：“李易安作重阳《醉花阴》词，函致赵明诚。明诚忘寝食三日夜，得十五阕，杂易安词以示陆德夫。德夫曰：‘只有莫道不销魂三句绝佳。’正易安作也。”“漱玉词”传说得名于济南李清照故居前的漱玉泉，泉水清澈见底，泉水自池底涌出，溢出池外，跌落石上，水石相激，淙淙有声，犹如漱玉。相传李清照早年曾在泉边洗漱。亦名“九日”。双调，52字。上、下片各五句，第一、二、五句押韵，均用仄声韵。

醉花阴

中仄中平平仄仄，
中仄平平仄。
中仄仄平平，
中仄平平，

薄雾浓云愁永昼 ［宋］李清照

薄雾浓云愁永昼，
瑞脑消金兽。
佳节又重阳，
玉枕纱厨，

中仄平平仄。	半夜凉初透。
中平中仄平平仄，	东篱把酒黄昏后，
㊀仄平平仄。	有暗香盈袖。
中仄仄平平，	莫道不消魂，
中仄平平，	帘卷西风，
中仄平平仄。	人比黄花瘦。

【经典鉴赏】

注释：

（1）永昼：漫长的白天。（2）瑞脑：一种薰香名。又称龙脑，即冰片。（3）金兽：兽形的铜香炉。（4）重阳：农历九月九日为重阳节。（5）纱厨：即防蚊蝇的纱帐。（6）消魂：形容极度忧愁，悲伤。（7）黄花：指菊花。

译文：

整个白天都愁得如薄雾浓云笼罩一般，香炉里的瑞脑香一点点烧光。又到了重阳佳节，卧在玉枕纱帐中，半夜的凉气刚将全身浸透。

黄昏我来到东篱下举杯独酌，菊花清淡的香气盈满了衣袖。莫要说清秋不让人伤神，西风卷起珠帘，帘内的人儿比那黄花更加消瘦。

赏析：

这首词是李清照前期的怀人之作。婚后不久，丈夫赵明诚便“负笈远游”，深闺寂寞，她深深思念着远行的丈夫。这年，时届重九，人逢佳节倍思亲，便写了这首词寄给赵明诚。

“薄雾浓云愁永昼，瑞脑消金兽”两句，借助室内外秋天的景物描写，表现了词人白日孤独寂寞的愁怀。“永”字便可见词人内心的无聊愁苦。这两句的意思是：从清晨稀薄的雾气到傍晚浓厚的云层，这漫长的白昼，阴沉沉的天气真使人愁闷。那雕着兽形的铜香炉里，龙脑香已渐渐烧完了，可心中的愁思为何总缕缕不绝呢？可见，这两句虽为景语，却句句含情，构成一种凄清惨淡的氛围，有力地衬托出思妇百无聊赖的闲愁。“佳节又重阳，玉枕纱厨，半夜凉初透”，这三句写出了词人在重阳佳节孤眠独寝、夜半相思的凄苦之情。常言道“每逢佳节倍思亲”，今日里“佳节又重阳”，词人又怎能不更加思念远方的丈夫呢？一个“又”字，便充满了寂寞、怨恨、愁苦之感，更何况玉枕、纱厨往昔是与丈夫与共的，可如今自己却孤眠独寝，触景生情，自然是柔肠寸断心欲碎了。显然，这里的“凉”不只是肌肤所感之凉意，更是心灵所感之凄凉。

“东篱把酒黄昏后，有暗香盈袖”，这两句写出了词人在重阳节傍晚于东篱下菊圃前把酒独酌的情景，衬托出词人无语独酌的离愁别绪。“东篱”是菊圃的代称。“暗香”，菊花的幽香。“盈袖”，因饮酒时衣袖挥动，带来的香气充盈衣袖。重阳佳节，把酒赏菊，本来极富情趣，然而丈夫远游，词人孤寂冷清，离愁别恨涌上心头，即便“借酒消愁”，也是“愁更愁”了，又哪有心情欣赏这“暗香浮动”的菊花呢？“莫道不消魂，帘卷西风，人比黄花瘦”，这三句直抒胸臆，写出了抒情主人公憔悴的面容和愁苦的神情。“消魂”极喻相思愁绝之情。“帘卷西风”即“西风卷帘”，暗含凄冷之意。这三句工稳精当，是作者艺术匠心之所在。先以“消魂”点神伤，再以“西风”点凄景，最后落笔结出一个“瘦”字。在这里，词人巧妙地将思妇与菊花相比，展现出两个叠印的镜头，一边是萧瑟的秋风摇撼着羸弱的瘦菊，一边是思妇布满愁云的憔悴面容，情景交融，创设出了一种凄苦绝伦的境界。

全词开篇点“愁”，结句言“瘦”。“愁”是“瘦”的原因，“瘦”是“愁”的结果。贯穿全词的愁绪因“瘦”而得到了最集中最形象的体现。可以说，全篇画龙，结句点睛，“龙”画得巧，“睛”点得妙，巧妙结合，相映生辉，创设出了“情深深，愁浓浓”的情境。通过环境和时令的烘托，表现了一番凄清的景象，并暗喻作者自己愁苦的心情。

【词林撷翠】

醉花阴·红尘紫阳春来早 ［宋］王庭珪

红尘紫阳春来早。晚市烟光好。灯发万枝莲，华月光中，天净开蓬岛。
老人旧日曾年少。年少还须老。今夕在天涯，烛影星桥，也似长安道。

醉花阴·老去悲秋人转瘦 ［宋］赵长卿

老去悲秋人转瘦，更异乡重九。人意自凄凉，只有茱萸，岁岁香依旧。
登高无奈空搔首，落照归鸦后。六代旧江山，满眼兴亡，一洗黄花酒。

醉花阴·黄花谩说年年好 ［南宋］辛弃疾

黄花谩说年年好，也趁秋光老。绿鬓不惊秋，若斗尊前，人好花堪笑。
蟠桃结子知多少，家住三山岛。何日跨归鸾，沧海飞尘，人世因缘了。

醉花阴·翠箔阴阴笼画阁 ［南宋］李弥逊

翠箔阴阴笼画阁，昨夜东风恶。香迳慢春泥，南陌东郊，惆怅妨行乐。
伤春比似年时觉，潘鬓新来薄。何处不禁愁，雨滴花腮，和泪胭脂落。

醉花阴·硕人生日 ［南宋］李弥逊

帘卷西风轻雨外，揖数峰横翠。楼上地行仙，压玉为醪，旋摘黄金蕊。
一觞一阕千秋岁，不愿封侯贵。长伴紫髯翁，踏月吹箫，笑咏云山里。

【雏凤清音】

醉花阴·记缀君衡 黄怡雯

此梦犹长帘卷久，何处逍遥酒。怎愿赋秋声，倾覆磐石，世浪一朝朽。
画堂怜子今人旧，影散徒拢袖。惊梦拟销魂，再去难寻，枯坐经别后。

第十一节 中调例释

一、蝶恋花［dié liàn huā］

【词牌名片】

原唐教坊曲名。毛先舒云："《蝶恋花》，商调曲也；采梁简文帝乐府'翻阶蛱蝶恋花情'为名。"又据《春渚纪闻》载：（宋）司马槱在洛下，昼梦美姝牵帷歌"妾本钱塘江上住"五句，询其曲，名《黄金缕》。槱后赴钱塘幕官，为秦少章言之，少章续其后段。槱复梦美姝每夕同寝；同采云："公廨后有苏小小墓，得毋妖乎？"不逾岁，槱病死。故此调又名

“黄金缕”。还有“转调蝶恋花”“鹊踏枝”“凤栖梧”“卷珠帘”“一箩金”“江如练”“西笑吟”“明月生南浦”“细雨吹池沼”“鱼水同欢”等别名。此调一般用来填写多愁善感和缠绵悱恻的内容。双调，60字。上下片各五句，第一、三、四、五句押韵，均用仄声韵。

蝶恋花

中仄中平平仄仄。
中仄平平，中仄平平仄。
中仄中平平仄仄，
中平中仄平平仄。

中仄中平平仄仄。
中仄平平，中仄平平仄。
中仄中平平仄仄，
中平中仄平平仄。

槛菊愁烟兰泣露 ［宋］晏殊

槛菊愁烟兰泣**露**。
罗幕轻寒，燕子双飞**去**。
明月不谙离别**苦**，
斜光到晓穿朱**户**。

昨夜西风凋碧**树**。
独上高楼，望尽天涯**路**。
欲寄彩笺兼尺**素**，
山长水阔知何**处**？

【经典鉴赏】

注释：

（1）槛（jiàn）：古建筑常于轩斋四面房基之上围以木栏，上承屋角，下临阶砌，谓之槛。（2）罗幕：丝罗的帷幕，富贵人家所用。（3）不谙（ān）：不了解，没有经验。谙：熟悉，精通。（4）朱户：犹言朱门，指大户人家。（5）凋：衰落。碧树：绿树。（6）彩笺：彩色的信笺。尺素：书信的代称。

译文：

栏杆外，菊花被轻烟笼罩，好像有着无尽的忧愁；兰叶上挂着露珠，好像在哭泣。罗幕闲垂，空气微冷，一双燕子飞去了。明月不知道离别的愁苦，斜斜地把月光照进屋子里，直到天明。昨天夜里，秋风吹落碧树的叶子。我独自登上高楼，看路消失在天涯。想寄一封信，但是山水迢迢，我想念的人在哪里呢？

赏析：

《蝶恋花·槛菊愁烟兰泣露》写深秋怀人，是宋词的名篇之一。上片描写苑中景物，移情于景，点出离恨。起句“槛菊愁烟兰泣露”，写秋晓庭圃中的菊花笼罩着一层轻烟薄雾，看上去似乎脉脉含愁，兰花上沾有露珠，看起来又像默默饮泣。以兰和菊来喻品格的幽洁，用“愁烟”“泣露”来表露女主人公的哀愁。次句“罗幕轻寒，燕子双飞去”，写新秋清晨，罗幕之间荡漾着一缕轻寒，令不耐轻寒的燕子双双穿帘飞去，更反托出人的孤独。接下来两句“明月不谙离恨苦，斜光到晓穿朱户”，明月斜照朱户，原很自然，但女主人公却怨其不解离恨，如此无理的埋怨，正是她备受离恨煎熬而引起的愁怅。

下片承离恨而来，通过高楼独望生动地表现出主人公望眼欲穿的神态，蕴含着愁苦之情。“昨夜西风凋碧树”，景既萧索，人又孤独。“独上高楼，望尽天涯路。”凭高望远，不见所思，更是空虚怅惘。这三句语言洗净铅华，纯用白描，成为词中流传千古的佳句。欲诉相思，便想到音书寄远：“欲寄彩笺兼尺素，山长水阔知何处！”词也就在这渺茫无着落的怅惘中结束，增加了摇曳不尽的情致。

全词情致深婉而又寥廓高远，深婉中见含蓄，广远中有蕴涵，很好地表达了离愁别恨的主题。

王国维《人间词话》曾引本词发“三境界论”：“古今之成大事业、大学问者，必经过三种之境界。晏同叔之‘昨夜西风凋碧树，独上高楼，望尽天涯路’，此第一境也。‘衣带渐宽终不悔，为伊消得人憔悴’，此第二境也。‘众里寻他千百度，回头蓦见，那人正在，灯火阑珊处’，此第三境也。此等语皆非大词人不能道。”

【词林撷翠】

蝶恋花·遥夜亭皋闲信步 ［南唐］李煜

遥夜亭皋闲信步，乍过清明，渐觉伤春暮。数点雨声风约住，朦胧澹月云来去。

桃李依依春暗度，谁在秋千，笑里轻轻语。一片芳心千万绪，人间没个安排处。

蝶恋花·花褪残红青杏小 ［宋］苏轼

花褪残红青杏小。燕子飞时，绿水人家绕。枝上柳绵吹又少，天涯何处无芳草！

墙里秋千墙外道。墙外行人，墙里佳人笑。笑渐不闻声渐悄，多情却被无情恼。

蝶恋花·庭院深深深几许 ［宋］欧阳修

庭院深深深几许，杨柳堆烟，帘幕无重数。玉勒雕鞍游冶处，楼高不见章台路。

雨横风狂三月暮，门掩黄昏，无计留春住。泪眼问花花不语，乱红飞过秋千去。

蝶恋花·伫倚危楼风细细 ［宋］柳永

伫倚危楼风细细，望极春愁，黯黯生天际。草色烟光残照里，无言谁会凭阑意。

拟把疏狂图一醉，对酒当歌，强乐还无味。衣带渐宽终不悔，为伊消得人憔悴。

蝶恋花·六曲阑干偎碧树 ［宋］晏殊

六曲阑干偎碧树，杨柳风轻，展尽黄金缕。谁把钿筝移玉柱，穿帘海燕双飞去。

满眼游丝兼落絮，红杏开时，一霎清明雨。浓睡觉来莺乱语，惊残好梦无寻处。

蝶恋花·月皎惊乌栖不定 ［宋］周邦彦

月皎惊乌栖不定，更漏将残，辘轳牵金井。唤起两眸清炯炯。泪花落枕红绵冷。

执手霜风吹鬓影。去意徊徨，别语愁难听。楼上阑干横斗柄，露寒人远鸡相应。

蝶恋花·几许伤春春复暮 ［宋］贺铸

几许伤春春复暮，杨柳清阴，偏碍游丝度。天际小山桃叶步，白苹花满湔裙处。

竟日微吟长短句，帘影灯昏，心寄胡琴语。数点雨声风约住，朦胧淡月云来去。

蝶恋花·出塞 ［清］纳兰性德

今古河山无定据。画角声中，牧马频来去。满目荒凉谁可语？西风吹老丹枫树。

从前幽怨应无数。铁马金戈，青冢黄昏路。一往情深深几许？深山夕照深秋雨。

【雏凤清音】

蝶恋花·水畔蒹葭凝白露 豆雪蕾

水畔蒹葭凝白露，木叶纷飞，人面知何处？独立寒风无意绪，双眸泪断天涯路。

梦入江南烟雨暮，翠黛遥山，缥缈桃叶渡。梦觉今宵难自诉，相思只有离愁苦。

蝶恋花·秋雨 霍苟质

萧瑟西风平地起，寒雨霏霏，点点凉人意。秋暮不知秋雨至，行人渐少亭中避。

小路幽幽今冷寂，残叶纷纷，簌簌声如泣。百草凋零秋木细，来年叶亦肥花地。

二、定风波［dìng fēng bō］

【词牌名片】

原唐教坊曲，《张子野词》入“双调”。《敦煌曲子词·定风波》中有“问儒士，谁人敢去定风波”语，可见此调取名之本义为定变乱。别名“定风波引”“定风波令”“卷春空”“醉琼枝”“定风流”。双调，62字。上片三平韵，错叶二仄韵，下片二平韵，错叶四仄韵。

定风波

中仄平平仄仄平，
中平中仄仄平平。
中仄中平平仄仄，
平仄，
中平中仄仄平平。

中仄中平平仄仄，
平仄，
中平中仄仄平平。
中仄中平平仄仄，
平仄，
中平中仄仄平平。

莫听穿林打叶声 ［宋］苏轼

三月七日沙湖道中遇雨。雨具先去，同行皆狼狈，余独不觉。已而遂晴，故作此。

莫听穿林打叶声，
何妨吟啸且徐行。
竹杖芒鞋轻胜马，
谁怕？
一蓑烟雨任平生。

料峭春风吹酒醒，
微冷，
山头斜照却相迎。
回首向来萧瑟处，
归去，
也无风雨也无晴。

注：本词三换仄韵，可分叶不同部韵。

【经典鉴赏】

注释：

（1）沙湖：在今湖北黄冈东南三十里，又名螺丝店。（2）狼狈：进退皆难的困顿窘迫之状。（3）已而：过了一会儿。（4）穿林打叶声：指大雨点透过树林打在树叶上的声音。（5）吟啸：放声吟咏。（6）芒鞋：草鞋。（7）一蓑烟雨任平生：披着蓑衣在风雨里过一辈子也处之泰然。一蓑（suō）：蓑衣，用棕制成的雨披。（8）料峭：微寒的样子。（9）斜照：偏西的阳光。（10）向来：方才。萧瑟：风雨吹打树叶声。（11）也无风雨也无晴：意谓既不怕雨，也不喜晴。

译文：

不要去听暴雨落在树叶上的声音，何妨放开喉咙吟唱从容而行。拄竹杖曳草鞋比骑马轻便得多，下这点雨有什么好怕的呢？披着蓑衣在风雨中过一辈子，也处之泰然。料峭的春风把我的酒意吹醒，身上略微感到一丝寒意，这时山上斜阳已露出了笑容。回首来程风雨潇潇时的情景，归去不管它是风雨还是放晴。

赏析：

宋神宗元丰三年苏轼因“乌台诗案”被贬为黄州（今湖北黄冈）团练副使。两年后词人与朋友春日出游，风雨忽至，朋友深感狼狈，词人却泰然处之，吟咏自若。此词借偶遇风雨这件小事，表现出旷达超脱的胸襟，寄寓着超凡脱俗的人生理想。

上片着眼于雨中。首句“莫听穿林打叶声”渲染出雨骤风狂，更以“莫听”二字点明外物不足萦怀之意。“何妨吟啸且徐行”，徐行而又吟啸，是加倍写，“何妨”二字透出一点俏皮，更增加挑战色彩。“竹杖芒鞋轻胜马”，写词人竹杖芒鞋，顶风冲雨，从容前行，以“轻胜马”的自我感受，传达出一种搏击风雨、笑傲人生的轻松、喜悦和豪迈之情。“一蓑烟雨任平生”，更进一步，由眼前风雨推及整个人生，有力地强化了作者面对人生的风风雨雨而我行我素、不畏坎坷的超然情怀。

下片着眼于雨后。过片到“山头斜照却相迎”三句，是写雨过天晴的景象。这几句既与上片所写风雨对应，又为下文所发人生感慨作铺垫。结拍“回首向来萧瑟处，归去，也无风雨也无晴”，这饱含人生哲理意味的点睛之笔，道出了词人在大自然微妙的一瞬所获得的顿悟和启示：自然界的雨晴既属寻常，毫无差别，社会人生中的政治风云、荣辱得失又何足挂齿？句中“萧瑟”二字，意谓风雨之声，与上片“穿林打叶声”相应和。“风雨”二字，一语双关，既指野外途中所遇风雨，又暗指几乎致他于死地的政治“风雨”和人生险途。

【词林撷翠】

定风波·江水沉沉帆影过　［唐］阎选

江水沉沉帆影过，游鱼到晚透寒波。渡口双双飞白鸟，烟袅，芦花深处隐渔歌。

扁舟短棹归兰浦，人去，萧萧竹径透青莎。深夜无风新雨歇，凉月，露迎珠颗入圆荷。

定风波·把酒花前欲问公　［宋］欧阳修

把酒花前欲问公，对花何事诉金钟。为问去年春甚处，虚度，莺声撩乱一场空。

今岁春来须爱惜，难得，须知花面不长红。待得酒醒君不见，千片，不随流水即随风。

定风波·暖日闲窗映碧纱 ［宋］欧阳炯

暖日闲窗映碧纱，小池春水浸明霞。数树海棠红欲尽，争忍，玉闺深掩过年华。

独凭绣床方寸乱，肠断，泪珠穿破脸边花。邻舍女郎相借问，音信，教人羞道未还家。

定风波·赞柔奴 ［宋］苏轼

常羡人间琢玉郎，天应乞与点酥娘。自作清歌传皓齿，风起，雪飞炎海变清凉。

万里归来年愈少，微笑，笑时犹带岭梅香。试问岭南应不好？却道：此心安处是吾乡。

定风波·一曲离歌酒一钟 ［宋］蔡伸

一曲离歌酒一钟，可怜分袂太匆匆。百计留君留不住，君去，满川烟暝满帆风。

目断魂销人不见，但见，青山隐隐水浮空。拟把一襟相忆泪，试向，云笺密写付飞鸿。

【雏凤清音】

定风波·莫问离人愁几许 王舒怡

莫问离人愁几许，甚似雾霭满山凝。夜朗星清月如洗，何堪，天涯谁人共此时？

空楼钟鼓催梦醒，微倦，归思萦绕不眠期。料想尘路几万里，轻叹，难报门前待我情。

三、江城子［jiāng chéng zǐ］

【词牌名片】

本调源于晚唐五代时期的唐著词（唐著词是唐代的酒令，晚唐江城子在酒筵上流行，经过文人的加工，就成为一首小令的词调）曲调；因欧阳炯词中有“如（衬字）西子镜照江城”句而取名，其中江城指的是金陵，即今南京。宋代晁补之曾将其改名为“江神子”；韩淲调有“腊后春前村意远”句，故又名“村意远”。该调唐五代时为单调，至北宋苏轼始变为双调。双调，共70字。上下片都是七句五平韵，句式押韵完全相同。

江城子

中平中仄仄平平。
仄平平，
仄平平。
中仄平平，
中仄仄平平。
中仄中平平仄仄，
平仄仄，
仄平平。

中平中仄仄平平。
仄平平，
仄平平。
中仄平平，
中仄仄平平。
中仄中平平仄仄，
平仄仄，
仄平平。

密州出猎　［宋］苏轼

老夫聊发少年狂，
左牵黄，
右擎苍，
锦帽貂裘，
千骑卷平冈。
为报倾城随太守，
亲射虎，
看孙郎。

酒酣胸胆尚开张，
鬓微霜，
又何妨！
持节云中，
何日遣冯唐？
会挽雕弓如满月，
西北望，
射天狼。

【经典鉴赏】

注释：

（1）密州：在今山东省诸城市。（2）老夫：作者自称，时年四十。

聊：姑且，暂且。狂：狂妄。（3）左牵黄，右擎苍：左手牵着黄狗，右臂托起苍鹰，形容围猎时用以追捕猎物的架势。（4）锦帽貂裘：名词作动词，头戴着华美鲜艳的帽子。貂裘，身穿貂鼠皮衣。这是汉羽林军穿的服装。（5）千骑卷平冈：形容马多尘土飞扬，把山岗像卷席子一般掠过。千骑（jì）：形容从骑之多。平冈：指山脊平坦处。（6）孙郎：三国时期东吴的孙权，这里作者自喻。《三国志・吴志・孙权传》载："二十三年十月，权将如吴，亲乘马射虎于凌亭，马为虎伤。权投以双戟，虎却废。常从张世，击以戈，获之。"（7）酒酣胸胆尚开张：尽情畅饮，胸怀开阔，胆气豪壮。尚：更。（8）鬓：额角边的头发。霜：白。（9）持节云中，何日遣冯唐：朝廷何日派遣冯唐去云中郡赦免魏尚的罪呢？典出《史记・冯唐列传》。汉文帝时，魏尚为云中（汉时的郡名，在今内蒙古自治区托克托县一带，包括山西西北部分地区）太守。他爱惜士卒，优待军吏，匈奴远避。匈奴曾一度来犯，魏尚亲率车骑出击，所杀甚众。后因报功文书上所载杀敌的数字与实际不合（虚报了六个），被削职。经冯唐代为辩白后，认为判得过重，文帝就派冯唐"持节"（带着传达圣旨的符节）去赦免魏尚的罪，让魏尚仍然担任云中郡太守。苏轼此时因政治上处境不好，调密州太守，故以魏尚自许，希望能得到朝廷的信任。节：兵符，带着传达命令的符节。持节：是奉有朝廷重大使命。（10）会挽雕弓如满月：会，应当。挽，拉。雕弓，弓背上有雕花的弓。满月：圆月。（11）天狼：星名，一称犬星，旧说指侵掠，这里引指西夏。《楚辞・九歌・东君》："长矢兮射天狼。"《晋书・天文志》云："狼一星在东井南，为野将，主侵掠。"词中以之隐喻侵犯北宋边境的辽国与西夏。

译文：

我姑且抒发一下少年人的狂傲之气，左手牵着黄狗，右手托着苍鹰。随从的将士们头戴华美艳丽的帽子，身穿貂皮做的衣服，浩浩荡荡的大部队像疾风一样，席卷平坦的山冈。为报答全城的百姓都来追随我，我一定要像孙权一样射杀一头老虎给大家看看。

喝酒喝到正高兴时，我的胸怀更加开阔，我的胆气更加张扬。即使头发微白，又有什么关系呢？朝廷什么时候才能派人拿着符节来密州赦免我的罪呢？那时我定当拉开弓箭，使之呈现满月的形状，瞄准西北，把代表西夏的天狼星射下来。

赏析：

《江城子·密州出猎》是宋代文学家苏轼于密州知州任上所作的一首词。宋神宗熙宁八年（公元1075年），东坡曾因旱去常山祈雨，归途中与同官梅户曹会猎于铁沟，写了这首出猎词，并“令东州壮士抵掌顿足而歌之，吹笛击鼓以为节，颇壮观也”。他作此词时，正当柳永词风靡一世之际，苏轼有志于改变这种柔媚词风，树起了“自是一家”的旗帜。

词的上片叙事。开篇“老夫聊发少年狂”，出手不凡，一个“狂”字贯穿全篇，纵情放笔，气概豪迈。接下去的四句写出猎的雄壮场面，表现了猎者威武豪迈的气概：词人左手牵黄犬，右臂驾苍鹰，好一副出猎的雄姿！随从武士个个也是“锦帽貂裘”，打猎装束。千骑奔驰，腾空越野，好一幅壮观的出猎场面！为报全城士民盛意，词人也要像当年孙权射虎一样，一显身手。作者以少年英主孙权自比，更是显出东坡“狂”劲和豪兴来。

词的下片抒情。过片一句，言词人酒酣之后，胸胆更豪，兴致益浓。此句以对内心世界的直抒，总结了上片对外观景象的描述。接下来，作者倾诉了自己的雄心壮志：年事虽高，鬓发虽白，却仍希望朝廷能像汉文帝派冯唐持节赦免魏尚一样，对自己委以重任，赴边疆抗敌。那时，他将挽弓如满月，狠狠抗击西夏和辽的侵扰。

词中写出猎之行，抒兴国安邦之志，气势雄豪，淋漓酣畅，一洗绮罗香泽之态，读之令人耳目一新。此词更拓展了词境，提高了词品，扩大了词的题材范围，为词的创作开创了崭新的道路，对南宋爱国词有直接影响。作品融叙事、言志、用典为一体，调动各种艺术手段形成豪放风格，多角度、多层次地从行动和心理上表现了作者宝刀未老、志在千里的英风与豪气。

【词林撷翠】

江城子·乙卯正月二十日夜记梦 ［宋］苏轼

十年生死两茫茫，不思量，自难忘。千里孤坟，无处话凄凉。纵使相逢应不识，尘满面，鬓如霜。

夜来幽梦忽还乡，小轩窗，正梳妆。相顾无言，惟有泪千行。料得年年肠断处，明月夜，短松冈。

江城子·湖上与张先同赋 ［宋］苏轼

凤凰山上雨初晴，水风清，晚霞明。一朵芙蕖，开过尚盈盈。何处飞来双白鹭？如有意，慕娉婷。

忽闻江上弄哀筝，苦含情，遣谁听？烟敛云收，依约是湘灵。欲待曲终寻问取，人不见，数峰青。

江城子·西城杨柳弄春柔 ［宋］秦观

西城杨柳弄春柔，动离忧，泪难收。犹记多情、曾为系归舟。碧野朱桥当日事，人不见，水空流。

韶华不为少年留，恨悠悠，几时休？飞絮落花时候、一登楼。便作春江都是泪，流不尽，许多愁。

江城子·画堂高会酒阑珊 ［宋］黄庭坚

画堂高会酒阑珊，倚栏干，霎时间。千里关山，常恨见伊难。及至而今相见了，依旧似，隔关山。

倩人传语问平安，省愁烦，泪休弹。哭损眼儿，不似旧时单。寻得石榴双叶子，凭寄与，插云鬟。

江城子·赏春 ［南宋］朱淑真

斜风细雨作春寒，对尊前，忆前欢。曾把梨花，寂寞泪阑干。芳草断烟南浦路，和别泪，看青山。

昨宵结得梦夤缘，水云间，悄无言。争奈醒来，愁恨又依然。展转衾裯空懊恼，天易见，见伊难。

【雏凤清音】

江城子·十年寒窗不觉忙 李紫鑫

十年寒窗不觉忙，甘曾品，苦亦尝。莘莘学子，何必诉忧肠？任凭桂花落谁家，书如山，志气壮。

斜卧阑干梦一场，斩怒涛，破风浪。奋笔疾书，岂有磐石挡？待到紫薇绽放时，饱读经，气自扬！

四、破阵子［pò zhèn zi］

【词牌名片】

“破阵子”，唐教坊曲，一名“十拍子”。唐太宗李世民任秦王时所制大型武舞曲，舞用二千人，皆画衣甲，执旗旆，因名“秦王破阵乐”。玄奘在《大唐西域记》自云往印度取经时，一国王曾询及之。原曲调已散失。别名“十白子”。此双调小令，当是截取舞曲中之一段为之，犹可想见激壮声容。双调，62字。上下片各五句三平韵。

破阵子	为陈同甫赋壮词以寄之 ［南宋］辛弃疾
仄仄平平中仄，	醉里挑灯看剑，
中平中仄平平。	梦回吹角连营。
中仄中平平仄仄，	八百里分麾下炙，
中仄平平中仄平。	五十弦翻塞外声，
中平中仄平。	沙场秋点兵。
仄仄平平中仄，	马作的卢飞快，
中平中仄平平。	弓如霹雳弦惊。
中仄中平平仄仄，	了却君王天下事，
中仄平平中仄平。	赢得生前身后名，
中平中仄平。	可怜白发生！

【经典鉴赏】

注释：

（1）陈同甫：陈亮（1143—1194），字同甫，南宋婺州永康（今浙江永康县）人。与辛弃疾志同道合，结为挚友。其词风格与辛词相似。（2）挑灯：把灯芯挑亮。看剑：抽出宝剑来细看。（3）梦回：梦里遇见，说明下面描写的战场场景不过是旧梦重温。（4）吹角连营：各个军营里接连不断地响起号角声。角：军中乐器，长五尺，形如竹筒，用竹、木、皮、铜制成，外加彩绘，名曰画角。始仅直吹，后用以横吹。其声哀厉高亢，闻之使人振奋。（5）八百里：牛名。《世说新语·汰侈》载，晋代王恺有一头珍贵的牛，叫八百里驳。分麾（huī）下炙（zhì）：把烤牛肉分赏给部下。麾下：部下。麾：军中大旗。炙：切碎的熟肉。（6）五十弦：原指瑟，此处泛指各种乐器。翻：演奏。塞外声：指悲壮粗犷的战歌。（7）沙场：战场。秋：古代点兵用武，多在秋天。点兵：检阅军队。（8）马作的卢飞快：战马像的卢马那样跑得飞快。作：像……一样。的卢：良马名，一种烈性快马。相传刘备在荆州遇险，前临檀溪，后有追兵，幸亏骑的卢马一跃三丈而脱离险境。见《三国志·蜀志·先主传》。（9）霹雳：本是疾雷声，此处比喻弓弦响声之大。（10）了却：了结，把事情做完。君王天下事：统一国家的大业，此特指恢复中原事。（11）赢得：博得。身后：死后。（12）可怜：可惜。

译文：

醉里挑亮油灯观看宝剑，梦中听到军营的号角声响成一片。把牛肉分给部下享用，让乐器奏起雄壮的军乐鼓舞士气。这是秋天在战场上阅兵。

战马像的卢马那样跑得飞快，弓箭像惊雷一样震耳离弦。一心想完成替君王收复国家失地的大业，取得世代相传的美名。可惜壮志难酬，白发已生！

赏析：

辛弃疾21岁时在家乡历城（今山东济南）参加了抗金起义。起义失败后来到南宋，当过许多地方的长官。他安定民生，训练军队，极力主张收复中原，却遭到排斥打击。后长期不得任用，闲居近20年。公元1188年，辛弃疾与陈亮在铅山瓢泉会见，即第二次“鹅湖之会”。此词当作于这次会见又分别之后。

首句只有六个字，却用三个连续的、富有特征性的动作，塑造了一个壮士的形象，细究之下，颇有深意，报国无门乃求一醉，醉不能寐挑灯看剑。次句写壮士终于入睡却梦回沙场。总共用八句记梦，其情其景栩栩如生。连绵的军营，天刚破晓，起床号角声吹响，兵士们欢欣鼓舞，饱餐将军分给的烤牛肉，军中奏起振奋人心的战斗乐曲，牛肉一吃完，就排成整齐的队伍。将军神采奕奕，意气昂扬，“沙场秋点兵”。这个“秋”字下得好，秋高马壮之时“点兵”出征，预示了战无不胜的前景。

下片特写了将军的风采：将军率领铁骑，快马加鞭，神速奔赴前线，弓弦雷鸣，万箭齐发。从“的卢马”的飞驰和“霹雳弦”的巨响中，仿佛看到若干连续出现的画面，敌人纷纷落马，残兵败将，狼狈溃退，将军身先士卒，乘胜追杀，一霎时结束了战斗，凯歌交奏，欢天喜地，旌旗招展。这是一场反击战。那将军是爱国的，但也是追求功名的。一战获胜，功成名就，既“了却君王天下事”，又“赢得生前身后名”，当为“壮”也。但毕竟是梦，梦醒时分，作者回到冷酷的现实中。在那个被投降派把持朝政的时代，英雄无用武之地，只能沉痛地慨叹“可怜白发生”，抒发了“壮志难酬”的悲愤，至此也诠释了首句“醉”的缘由。

此词通过对作者早年抗金部队豪壮的阵容和气概以及自己沙场生涯的追忆，表达了杀敌报国、收复失地的理想，抒发了壮志难酬、英雄迟暮的悲愤心情；通过创造雄奇的意境，生动地描绘出一位披肝沥胆、忠贞不贰、勇往直前的将军形象。全词在结构上打破成规，前九句为一意，末一句另为一意，以末一句否定前九句，前九句写得酣恣淋漓，正为加重末五字失望之情。这种艺术手法体现了辛词的豪放风格和独创精神。

【词林挹翠】

破阵子·四十年来家国 ［南唐］李煜

四十年来家国，三千里地山河。凤阁龙楼连霄汉，玉树琼枝作烟萝，几曾识干戈？

一旦归为臣虏，沈腰潘鬓消磨。最是仓皇辞庙日，教坊犹奏别离歌，垂泪对宫娥。

破阵子·春景 ［宋］晏殊

燕子来时新社，梨花落后清明。池上碧苔三四点，叶底黄鹂一两声。日长飞絮轻。

巧笑东邻女伴，采桑径里逢迎。疑怪昨宵春梦好，元是今朝斗草赢。笑从双脸生。

破阵子·湖上西风斜日 ［宋］晏殊

湖上西风斜日，荷花落尽红英。金菊满丛珠颗细，海燕辞巢翅羽轻。年年岁岁情。

美酒一杯新熟，高歌数阕堪听。不向尊前同一醉，可奈光阴似水声。迢迢去未停。

破阵子·小小红泥院宇 ［宋］程垓

小小红泥院宇，深深翠色屏帏。簇定熏炉酥酒软，门外东风寒不知，恰疑三月时。

钗影半敧绿子，歌声轻度红儿。醉里不愁更漏断，更要梅花看几枝。起来霜月低。

破阵子·仕至千钟良易 ［南宋］陆游

仕至千钟良易，年过七十常稀。眼底荣华元是梦，身后声名不自知。营营端为谁。

幸有旗亭沽酒，何妨茧纸题诗。幽谷云萝朝采药，静院轩窗夕对棋。不归真个痴。

破阵子·掷地刘郎玉斗 ［南宋］辛弃疾

为范南伯寿。时南伯为张南轩辟宰泸溪，南伯迟迟未行。因作此词以勉之。

掷地刘郎玉斗，挂帆西子扁舟。千古风流今在此，万里功名莫放休。君王三百州。

燕雀岂知鸿鹄，貂蝉元出兜鍪。却笑泸溪如斗大，肯把牛刀试手不？寿君双玉瓯。

【雏凤清音】

破阵子·醉卧夕阳沙场

醉卧夕阳沙场，斜睨远山孤鸿。云垂天外倚长剑，日照扶桑挂雕弓。盘马射苍龙！

意气关山万里，驱驰虏骑千重。战罢血凝刀头紫，归去风展大纛红。回看暮云生。

五、苏幕遮［sū mù zhē］

【词牌名片】

原是唐玄宗时教坊曲名，来自西域。慧琳《一切经音义》卷四十一《苏莫遮冒》云：“‘苏莫遮’西域胡语也，正云‘飒磨遮’。此戏本出龟兹国，西至今犹有此曲。此国浑脱、大面、拨头之类也。”后用为词调。曲辞原为七言绝句体（如张说的《苏摩遮》五首），以配合浑脱舞。近人考证，苏幕遮是波斯语的译音，原义为披在肩上的头巾（俞平伯《唐宋词选注释》）。《新唐书·宋务光传》载吕元泰上唐中宗书曰："比见坊邑相率为《浑脱队》，骏马胡服，名为'苏莫遮'。"可见此曲流传中国尚在唐玄宗之前。后衍为长短句。敦煌曲子词中有《苏莫遮》，双调62字，宋人即沿用此体。至宋周邦彦，依此调作词，有"鬓云松，眉叶敛"之句，因亦名"鬓云松令"。别名还有"古调歌""云雾敛""般涉调"。双调，62字。上下片各七句，第二、四、五、七句押韵，均用仄声韵。

苏幕遮

仄平平，
平仄仄（韵）。
中仄平平，
中仄平平仄（韵）。
中仄平平平仄仄（韵）。
中仄平平，
中仄平平仄（韵）。

仄平平，
平仄仄（韵）。
中仄平平，
中仄平平仄（韵）。
中仄平平平仄仄（韵）。
中仄平平，
中仄平平仄（韵）。

燎沉香 ［宋］周邦彦

燎沉香，
消溽**暑**。
鸟雀呼晴，
侵晓窥檐**语**。
叶上初阳干宿**雨**。
水面清圆，
一一风荷**举**。

故乡遥，
何日**去**？
家住吴门，
久作长安**旅**。
五月渔郎相忆**否**？
小楫轻舟，
梦入芙蓉**浦**。

【经典鉴赏】

注释：

（1）燎（liáo）：细焚。沈香：沉香，一种名贵香料，其香味可辟恶气。（2）溽（rù）暑：夏天闷热潮湿的暑气。溽，湿润潮湿。（3）呼晴：唤晴。旧有鸟鸣可占晴雨之说。（4）侵晓：拂晓。侵，渐近。（5）宿雨：隔夜的雨。（6）一一风荷举：意味荷叶迎着晨风，每一片荷叶都挺出水面。举，擎起。（7）吴门：今之江苏苏州，此处泛指吴越一带。作者是钱塘人，钱塘古属吴郡，故称之。（8）芙蓉浦：有荷花的水边。有溪涧可通的荷花塘。词中指杭州西湖。浦，水湾、河流。

译文：

细焚沉香，来消除夏天闷热潮湿的暑气。鸟雀鸣叫呼唤着晴天，拂晓时分我偷偷听它们在屋檐下的“言语”。荷叶上初出的阳光晒干了昨夜的雨，水面上的荷花清润圆正，荷叶迎着晨风，每一片荷叶都挺出水面。

（看到这风景）我想到遥远的故乡，何日才能回去啊？我家本在吴越一带，长久地客居长安。五月，我故乡的小时候的伙伴是否在想我，划着一叶扁舟，在我的梦中来到了过去的荷花塘。

赏析：

本词以写雨后风荷为中心，引入故乡归梦，表达思乡之情。

上片写景。首二句写静境，焚香消暑，取心定自然凉之意，或暗示在热闹场中服一副清凉剂。三、四句写静中有噪，“鸟雀呼晴”，一“呼”字，极为传神，暗示昨夜雨，今朝晴，“侵晓窥檐语”，更是鸟雀多情，窥檐而告诉人以新晴之欢，生动而有风致。“叶上”句，清新而又美丽，“水面清圆，一一风荷举”，则动态可掬，这三句，实是交互句法，配合得极为巧妙，而又音响动人。词句炼一“举”字，全词站立了起来，动景如生，描绘出荷花亭亭玉立的姿态美与荷花的茎的力度美，此情此景与家乡大致相同，为下文思乡做了铺垫。

下片抒情。周邦彦本以太学生入汴京（词中以“长安”代之），以献《汴都赋》为神宗所赏识，进为太学正，但仍无所作为，不免有乡关之思。“故乡遥，何日去”两句点地点时，“家住吴门，久作长安旅”，实为不如归去之意。紧接“五月渔郎相忆否”，不言自己思家乡友朋，却写渔郎是否思念自己，主客移位，更加衬托出我对家乡亲朋的思念，这是从对面深一层的写法。一结两句，“小楫轻舟，梦入芙蓉浦”，即梦中划小舟入莲花塘中了。实以虚构的梦境作结，虽虚而实，变幻莫测。

【词林撷翠】

苏幕遮·碧云天 ［宋］范仲淹

碧云天，黄叶地，秋色连波，波上寒烟翠。山映斜阳天接水，芳草无情，更在斜阳外。

黯乡魂，追旅思，夜夜除非，好梦留人睡。明月楼高休独倚，酒入愁肠，化作相思泪。

苏幕遮·露堤平 ［宋］梅尧臣

露堤平，烟墅杳。乱碧萋萋，雨后江天晓。独有庾郎年最少。窣地春袍，嫩色相宜照。

接长亭，迷远道。堪怨王孙，不计归期早。梨花落尽春又了。满地残阳，翠色和烟老。

苏幕遮·送张删定赴召 ［宋］王质

驿尘飞，天意紧。香雪芝封，犹带吴泥润。昨夜宝奁开玉镜。一点西风，便觉寒秋近。

白苹洲，红蓼径。风露凄清，快促黄金镫。叠叠重重听好信。掷了碧油幢，更掷双堂印。

苏幕遮·闺怨 ［宋］陶氏

与君别，情易许。执手相将，永远成鸳侣。一去音书千万里。望断阳关，泪滴如秋雨。

到如今，成间阻。等候郎来，细把相思诉。看著梅花花不语。花已成梅，结就心中苦。

苏幕遮·枕函香 ［清］纳兰性德

枕函香，花径漏。依约相逢，絮语黄昏后。时节薄寒人病酒，刬地梨花，彻夜东风瘦。

掩银屏，垂翠袖。何处吹箫，脉脉情微逗。肠断月明红豆蔻，月似当时，人似当时否？

【雏凤清音】

苏幕遮·故地重游

空水恨，倚黄昏，墙角枯藤，谁知孤单泪？花牵月影水牵云，难牵愁绪，雨过燕迟归。

青梅落，落花碎，岁月如流，伤心笛不吹。沙洲冷时无人问，淡烟残菊，物是却人非。

六、一剪梅［yī jiǎn méi］

【词牌名片】

此调因周邦彦词起句有“一剪梅花万样娇”，乃取前三字为调名。宋人称“一枝”曰“一剪”，元好问《牡丹》诗：“金刀一剪肠堪断，绿鬓刘郎半白生。”一剪梅，即一枝梅。古时远地赠人，辄以梅花一枝表相思。《荆州记》：“陆凯自江南，以梅花一枝寄长安与范晔，赠以诗曰：‘折梅逢驿使，寄与陇头人；江南无所有，聊赠一枝春。’”刘克庄诗：“轻烟小雪孤行路，折剩梅花寄一枝。”又韩淲词有“一朵梅花百和香”句，故又名“腊梅香”，李清照词有“红藕香残玉簟（diàn）秋”句，故又名“玉簟秋”。双调，60字。上、下片各六句，句句平收；两片各押三平韵，即起句、第三句和结句用韵。

一剪梅

中仄平平中仄平。
中仄平平，
中仄平平。
中平中仄仄平平，
中仄平平，
中仄平平。

中仄平平中仄平。
中仄平平，
中仄平平。
中平中仄仄平平，
中仄平平，
中仄平平。

红藕香残玉簟秋　［宋］李清照

红藕香残玉簟秋。
轻解罗裳，
独上兰舟。
云中谁寄锦书来？
雁字回时，
月满西楼。

花自飘零水自流。
一种相思，
两处闲愁。
此情无计可消除，
才下眉头，
却上心头。

【经典鉴赏】

注释：

（1）玉簟（diàn）秋：意谓时至深秋，精美的竹席已嫌清冷。（2）兰舟：《述异记》卷下谓：木质坚硬而有香味的木兰树是制作舟船的好材料，诗家遂以木兰舟或兰舟为舟之美称。一说“兰舟”特指睡眠的床榻。（3）锦书：对书信的一种美称。《晋书·窦滔妻苏氏传》云：苏蕙织锦为回文旋图诗，以赠其被徙流沙的丈夫窦滔。这种用锦织成的字称锦字，又称锦书。

译文：

荷已残，香已消，冷滑如玉的竹席，透出深深的凉秋，轻轻脱换下薄纱罗裙，独自泛一叶兰舟。仰头凝望远天，那白云舒卷处，谁会将锦书寄来？正是雁群排成“人”字，一行行南归的时候，月光皎洁浸人，洒满这西边独倚的亭楼。

花，自在地飘零，水，自在地漂流，一种离别的相思，你与我，牵动起两处的闲愁。啊，无法排除的是——这相思，这离愁，刚从微蹙的眉间消失，又隐隐缠绕上了心头。

赏析：

这首词作于李清照和丈夫赵明诚远离之后，寄寓着清照不忍离别的一腔深情，是一首工巧的别情词作。

词的起句“红藕香残玉簟秋”，领起全篇，上半句“红藕香残”写户外之景，下半句“玉簟秋”写室内之物，对清秋季节起了点染作用，意境清凉幽然，也是凄凉独处的内心感受。起句为全词定下了幽美的抒情基调。接下来的五句依次写词人从昼到夜一天内所做之事、所触之景、所生之情。前两句“轻解罗裳，独上兰舟”，写的是白昼水面泛舟之事，以“独上”二字暗示处境，暗抒离情。下面“云中谁寄锦书来”一句，则明写别后的思念。接以“雁字回时，月满西楼”两句，构成一种目断神迷的意境。按顺序，应是月满时，上西楼，望云中，见回雁，而思及谁寄锦书来。“谁”字自然是暗指赵明诚。但是明月自满，人却未圆，雁字空回，锦书无有，所以有“谁寄”之叹。说“谁寄”，又可知是无人寄也。词人因惦念游子行踪，盼望锦书到达，遂从遥望云空引出雁足传书的遐想。

“花自飘零水自流”一句，承上启下，它既是即景，又兼比兴。其所展示的花落水流之景，其所象征比喻的人生、年华、爱情、离别，则给人以凄凉无奈之恨。接下来转为直接抒情，用内心独自的方式展开。“一种相思，两处闲愁”二句，写自己的相思之苦、闲愁之深的同时，由己身推想到对方，深知这种相思与闲愁不是单方面的，而是双方面的，以见两心之相印。下句“此情无计可消除”，紧接这两句。正因人已分两处，心已笼罩深愁，此情就当然难以排遣，而是“才下眉头，却上心头”了。“此情无计可消除，才下眉头，却上心头”三句最为世人所称道。这里，“眉头”与“心头”相对应，“才下”与“却上”成起伏，语句结构既十分工整，表现手法也十分巧妙，艺术上具有很强的吸引力。

【词林撷翠】

一剪梅·一剪梅花万样娇 ［宋］周邦彦

一剪梅花万样娇。斜插梅枝，略点眉梢。轻盈微笑舞低回，何事尊前拍误招。

夜渐寒深酒渐消。袖里时闻玉钏敲。城头谁恁促残更，银漏何如，且慢明朝。

一剪梅·堆枕乌云堕翠翘 ［宋］蔡伸

堆枕乌云堕翠翘。午梦惊回，满眼春娇。嬛嬛一袅楚宫腰。那更春来，玉减香消。

柳下朱门傍小桥。几度红窗，误认鸣镳。断肠风月可怜宵。忍使恹恹，两处无聊。

一剪梅·中秋元月 ［南宋］辛弃疾

忆对中秋丹桂丛。花在杯中，月在杯中。今宵楼上一尊同。云湿纱窗，雨湿纱窗。

浑欲乘风问化工。路也难通，信也难通。满堂惟有烛花红。杯且从容，歌且从容。

一剪梅·乙卯中秋 ［南宋］李曾伯

人生能有几中秋。人自多愁，月又何愁。老娥今夜为谁羞。云意悠悠，雨意悠悠。

自怜踪迹等萍浮。去岁荆州，今岁渝州。可人谁与共斯楼。归去休休，睡去休休。

一剪梅·春思 ［南宋］蒋捷

一片春愁带酒浇。江上舟摇，楼上帘招，秋娘容与泰娘娇。风又飘飘，雨又潇潇。

何日云帆卸浦桥。银字筝调，心字香烧，流光容易把人抛。红了樱桃，绿了芭蕉。

【雏凤清音】

一剪梅·千里辞家求学人

千里辞家求学人，陆上车行，海上船行。海风湿咸吹不停，大浪汹涌，小浪不平。

心事茫茫望前程，红日落兮，银月分明。此刻偏是惆怅生，相思苦情，相忆苦情。

七、渔家傲［yú jiā ào］

【词牌名片】

该调不见于唐、五代人词。《词谱》卷十四云："此调始自晏殊，因词有'神仙一曲渔家傲'句，取以为名。"北宋流行，有用以作"十二月鼓子词"者。欧阳修、范仲淹则填此调尤多。另，"渔家傲"也是曲牌名。别名"荆溪咏""游仙咏""绿蓑令"。双调，62字。上下片各五句，句句押韵，均用仄声韵。

渔家傲

中仄中平平仄仄，
中平中仄平平仄。
中仄中平平仄仄。
平中仄，
中平中仄平平仄。

中仄中平平仄仄，

塞下秋来风景异 ［宋］范仲淹

塞下秋来风景异，
衡阳雁去无留意。
四面边声连角起。
千嶂里，
长烟落日孤城闭。

浊酒一杯家万里，

中平中仄平平仄。	燕然未勒归无计。
中仄中平平仄仄。	羌管悠悠霜满地。
平中仄，	人不寐，
中平中仄平平仄。	将军白发征夫泪。

【经典鉴赏】

注释：

（1）衡阳雁去：传说秋天北雁南飞，至湖南衡阳回雁峰而止，不再南飞。（2）边声：边塞特有的声音，如大风、号角、羌笛、马啸的声音。（3）千嶂：绵延而峻峭的山峰；崇山峻岭。（4）燕然未勒：指战事未平，功名未立。燕然：即燕然山，今名杭爱山，在今蒙古国境内。据《后汉书·窦宪传》记载，东汉窦宪率兵追击匈奴单于，去塞三千余里，登燕然山，刻石勒功而还。（5）羌管：即羌笛，出自古代西部羌族的一种乐器。（6）悠悠：形容声音飘忽不定。

译文：

秋天到了，西北边塞的风光和江南不同。大雁又飞回衡阳了，一点也没有停留之意。黄昏时，军中号角一吹，周围的边声也随之而起。层峦叠嶂里，暮霭沉沉，山衔落日，孤零零的城门紧闭。

饮一杯浊酒，不由得想起万里之外的家乡，未能像窦宪那样战胜敌人，刻石燕然，不能早做归计。悠扬的羌笛响起来了，天气寒冷，霜雪满地。夜深了，将士们都不能安睡：将军为操持军事，须发都变白了；战士们久戍边塞，也流下了伤时的眼泪。

赏析：

这首词作于北宋与西夏战争对峙时期。由于宋军连败，范仲淹被仁宗皇帝派往西北前线，驻守边疆。

上片着重写景，而景中有情。首句“塞下秋来风景异”，点明地域、时令及作者对边地风物的异样感受，并以“异”字领起全篇，为下片怀乡思归之情埋下了伏线。次句“衡阳雁去无留意”以南归大雁的径去不留，反衬出边地的荒凉，这是托物寄兴，更重要的是“无留意”这三个字来自戍边将士的内心，它衬托出雁去而人却不得去的情感。接着，“四面边声”三句，通过“边声”“角起”“千嶂”“孤城”等具有特征的事物，用写实的笔法具体展示出塞外风光，而着重渲染战时的肃杀气象。“长烟落日”，画面固不失雄阔，但续以“孤城闭”三字气象顿然一变，而暗示敌强我弱的不利形势。

下片着重抒情，而情中有景。“浊酒一杯”二句，写戍边将士借酒浇愁，但一杯浊酒怎能抵御乡关万里之思？久困孤城，他们早已归心似箭，然而边患未平，功业未成，还乡之计又何从谈起？“羌管悠悠”句刻画入夜景色，而融入其中的乡恋益见浓重，远方羌笛悠悠，搅得征夫们难以入梦，不能不苦思着万里之遥的家乡，而家乡的亲人可能也在盼望白发人。“人不寐，将军白发征夫泪”，这十个字扣人心弦，写出了深沉的忧国爱国的复杂感情。

此词表现边地的荒寒和将士的劳苦，流露出师劳无功、乡关万里的怅恨心声，但它并非是令人消沉斗志之词，它真实地表现了戍边将士思念故乡，而更热爱祖国，矢志保卫祖国的真情。

【词林撷翠】

渔家傲·画鼓声中昏又晓 ［宋］晏殊

画鼓声中昏又晓，时光只解催人老。求得浅欢风日好，齐揭调，神仙一曲渔家傲。

绿水悠悠天杳杳，浮生岂得长年少。莫惜醉来开口笑，须信道，人间万事何时了。

渔家傲·近日门前溪水涨 ［宋］欧阳修

近日门前溪水涨，郎船几度偷相访。船小难开红斗帐，无计向，合欢影里空惆怅。

愿妾身为红菡萏，年年生在秋江上；重愿郎为花底浪，无隔障，随风逐雨长来往。

渔家傲·平岸小桥千嶂抱 ［宋］王安石

平岸小桥千嶂抱，柔蓝一水萦花草。茅屋数间窗窈窕。尘不到，时时自有春风扫。

午枕觉来闻语鸟，欹眠似听朝鸡早。忽忆故人今总老。贪梦好，茫然忘了邯郸道。

渔家傲·题玄真子图 ［宋］张元干

钓笠披云青嶂绕，绿蓑细雨春江渺。白鸟飞来风满棹。收纶了，渔童拍手樵青笑。

明月太虚同一照，浮家泛宅忘昏晓。醉眼冷看城市闹。烟波老，谁能惹得闲烦恼。

渔家傲·天接云涛连晓雾 ［宋］李清照

天接云涛连晓雾，星河欲转千帆舞。仿佛梦魂归帝所，闻天语，殷勤问我归何处。

我报路长嗟日暮，学诗谩有惊人句。九万里风鹏正举。风休住，蓬舟吹取三山去。

【雏凤清音】

渔家傲·西入高原金土地 马巧莲

西入高原金土地，遥遥故里流寒逆。衣带渐宽豪杰起。征战几？侯乡陌陌荒烟毕。

白塔依依师道里，泱泱素幔轻狂意。天外飞川击响壁。长河迹，空余年少书生气。

第十二节 长调例释

一、八声甘州［bā shēng gān zhōu］

【词牌名片】

《八声甘州》是从唐教坊大曲《甘州》截取一段改制的。唐玄宗时教坊大曲有《甘州》，杂曲有《甘州子》，是唐边塞曲，因以边塞地甘州为名。又名“甘州”“潇潇雨”“宴瑶池”。《西域记》云：“龟兹国土制曲，

《伊州》《甘州》《梁州》等曲翻入中国。”《伊州》《甘州》《梁州》诸曲，音节慷慨悲壮，柳永精通音律，用来抒写他贫士失意的感慨，有声情并茂的艺术效果。因全词共八韵，故称“八声”，慢词。双调，97字，上片46字，下片51字。上下片各九句四平韵。亦有在起句增一韵的。上片起句、第三句，下片第二句、第四句，多用领句字。

八声甘州

(仄)中平仄仄仄平平，
中中仄平平。
(仄)平平中仄，
中平中仄，
中仄平平。
中仄平平中仄，
中仄仄平平。
中仄平平仄，
中仄平平。

中仄中平中仄，
仄中平中仄，
中仄平平。
(仄)平平中仄，
中仄仄平平。
仄平平、中平平仄，
仄中平、中仄仄平平。
平平仄仄平平仄，
中仄平平。

对潇潇暮雨洒江天 ［宋］柳永

对潇潇暮雨洒江天，
一番洗清**秋**。
渐霜风凄紧，
关河冷落，
残照当**楼**。
是处红衰翠减，
苒苒物华**休**。
惟有长江水，
无语东**流**。

不忍登高临远，
望故乡渺邈，
归思难**收**。
叹年来踪迹，
何事苦淹**留**？
想佳人妆楼颙望，
误几回，天际识归**舟**？
争知我，倚阑干处，
正恁凝**愁**。

注：诸领格字如“对、渐、叹”等并宜用去声。

【经典鉴赏】

注释：

（1）潇潇：风雨急骤的样子。（2）霜风：指秋风。凄紧：凄凉紧迫。关河：关塞与河流，此指山河。（3）残照：落日余光。（4）是处：到处。

红衰翠减：指花叶凋零。红，代指花。翠，代指绿叶。（5）苒（rǎn）苒：同“荏苒”，形容时光消逝，渐渐（过去）的意思。物华：美好的景物。（6）渺邈：远貌，渺茫遥远。一作“渺渺”，义同。（7）归思（旧读sì，心绪愁思）：渴望回家团聚的心思。（8）淹留：长期停留。（9）争（zěn）：怎。处：这里表示时间。“倚阑干处”即倚栏杆时。（10）恁：如此。凝愁：愁苦不已，愁恨深重。凝，表示一往情深，专注不已。

译文：

伫立江边面对着潇潇的暮雨，暮雨仿佛在洗涤清冷的残秋。渐渐地雨散云收秋风逐渐凄紧，山河冷落落日映照江楼，满目的凄凉到处是花残叶凋，那些美好的景色都已经歇休。只有长江水默默地向东流淌。

其实我实在不忍心登高远望，想到故乡有遥远不可及的地方，一颗归乡的心迫切难以自抑。叹息这几年来四处奔波流浪，究竟是为什么苦苦到处滞留？佳人一定天天登上江边画楼，眺望我的归舟误认一舟又一舟？你可知道我正在倚高楼眺望，心中充满了思乡的忧愁苦闷。

赏析：

词的上片以写景为主。作者先总写秋景，登高临远，雨后江天，澄澈如洗，景色苍茫辽阔，境界高远雄浑。再由“渐”字领起三个排句：“霜风凄紧，关河冷落，残照当楼。”烘托凄凉、萧索的气氛，勾勒出深秋雨后的一幅悲凉图景，也渗透进天涯游客的忧郁伤感。视线由远及近，感叹“是处红衰翠减，苒苒物华休”。红芳绿叶是生命旺盛的象征，但满目所见处花落叶败，万物都在凋零，将凄苦落寞之情推向极致。作者常年宦游在外，睹物思人，情感不可谓不激烈，但文人含蓄蕴藉的特质令作者并没有明说其感触，而只用“长江无语东流”来暗示出来，寄托了韶华易逝的感慨。上片景物描写从高到低，由远及近，层层铺叙，把大自然的浓郁秋气与内心的悲哀感慨完全融合在一起，淋漓酣畅而又意象宏远。

词的下片由写景转入抒情。换头处由“不忍”二字领起，文字转折翻腾，感情委婉伸屈。接下来“望”“叹”“想”几个动词，传神地引出作者的心迹。结尾处颇似自言自语，自怨自艾，借用“倚阑干”的意象，点出了全词的词眼和基调——“愁”，生动地表现了思乡之苦和怀人之情。

全词一层深一层，一步接一步，以铺张扬厉的手段，曲折委婉地表现了登楼凭栏，望乡思亲的羁旅之情。通篇结构严密，跌宕开阖，呼应灵活，首尾照应，很能体现柳永词的艺术特色。

【词林撷翠】

八声甘州·寄参寥子 ［宋］苏轼

有情风万里卷潮来，无情送潮归。问钱塘江上，西兴浦口，几度斜晖？不用思量今古，俯仰昔人非。谁似东坡老，白首忘机。

记取西湖西畔，正春山好处，空翠烟霏。算诗人相得，如我与君稀。约他年、东还海道，愿谢公雅志莫相违。西州路，不应回首，为我沾衣。

八声甘州·故将军饮罢夜归来 ［南宋］辛弃疾

故将军饮罢夜归来，长亭解雕鞍。恨灞陵醉尉，匆匆未识，桃李无言。射虎山横一骑，裂石响惊弦。落魄封侯事，岁晚田间。

谁向桑麻杜曲，要短衣匹马，移住南山？看风流慷慨，谈笑过残年。汉开边、功名万里，甚当时、健者也曾闲。纱窗外、斜风细雨，一阵轻寒。

八声甘州·灵岩陪庾幕诸公游 ［南宋］吴文英

渺空烟四远，是何年、青天坠长星？幻苍厓云树，名娃金屋，残霸宫城。箭径酸风射眼，腻水染花腥。时靸双鸳响，廊叶秋声。

宫里吴王沉醉，倩五湖倦客，独钓醒醒。问苍波无语，华发奈山青。水涵空、阑干高处，送乱鸦斜日落渔汀。连呼酒、上琴台去，秋与云平。

八声甘州·记玉关踏雪事清游 ［南宋/元］张炎

记玉关踏雪事清游，寒气脆貂裘。傍枯林古道，长河饮马，此意悠悠。短梦依然江表，老泪洒西州。一字无题外，落叶都愁。

载取白云归去，问谁留楚佩，弄影中洲？折芦花赠远，零落一身秋。向寻常、野桥流水，待招来，不是旧沙鸥。空怀感，有斜阳处，却怕登楼。

二、桂枝香［guì zhī xiāng］

【词牌名片】

《晋书》卷五十二郄诜传载，郄诜举贤良对策为天下第一，自称“犹桂林之一枝，昆山之片玉”。后世因此称登科为折桂。五代王定保《唐遮言》卷三在唐裴思谦《及第后宿平康里》诗：“夜来新惹桂枝香。”唐袁浩登第后亦作《寄岳阳严使君》："桂枝香惹蕊枝香。"此调北宋人开始大量创作。据《古今词话》："金陵怀古，诸公寄调《桂枝香》者三十余家，惟王介甫（王安石）为绝唱。"南宋张宗瑞赋此调，有"疏廉淡月，照人无寐"之语，因又名"珠廉淡月"。双调，101字。上下片各五仄韵，宜用入声部韵。两片第二句第一字是领格，宜用去声。

桂枝香	金陵怀古　［宋］王安石
平平仄仄，	登临送目，
仄仄仄中平，	正故国晚秋，
中中平仄。	天气初肃。
中仄平平中仄，	千里澄江似练，
仄平平仄。	翠峰如簇。
中平中仄平平仄，	征帆去棹残阳里，
仄平平、中平平仄。	背西风、酒旗斜矗。
仄平平仄，	彩舟云淡，
中平中仄，	星河鹭起，
仄平平仄。	画图难足。
仄中中、平平仄仄。	念往昔、豪华竞逐，
仄中中平中，	叹门外楼头，
中中平仄。	悲恨相续。
中仄平平中仄，	千古凭高对此，
仄平平仄。	漫嗟荣辱。
中平中仄平平仄，	六朝旧事随流水，
仄平平中仄平仄，	但寒烟衰草凝绿。
仄平平仄，	至今商女，
中平中仄，	时时犹唱，
仄平平仄。	后庭遗曲。

【经典鉴赏】

注释：

（1）登临送目：登山临水，举目望远。送目：远目，望远。（2）故国：即故都，金陵为六朝故都，故称故国。（3）初肃：天气刚开始萧肃。肃，萎缩，肃杀。（4）千里澄江似练：形容长江像一匹长长的白绢。（5）归帆去棹（zhào）：往来的船只。棹，划船的一种工具，形似桨，也可引申为船。（6）“彩舟”两句：意谓结彩的画船行于薄雾迷离之中，犹在云内；华灯映水，繁星交辉，白鹭翩飞。（7）画图难足：用图画也难以完美地表现它。难足：难以完美地表现出来。（8）门外楼头：指南朝陈亡国惨剧。语出杜牧《台城曲》：“门外韩擒虎，楼头张丽华。”韩擒虎是隋朝开国大将，统兵伐陈，他已带兵来到金陵朱雀门（南门）外，陈后主尚与他的宠妃张丽华于结绮阁上寻欢作乐。陈后主、张丽华被韩俘获，陈亡于隋。门，指朱雀门。楼，指结绮阁。（9）悲恨相续：指六朝亡国的悲恨，接连不断。（10）谩嗟荣辱：空叹历朝兴衰。荣：兴盛。辱：灭亡。这是作者的感叹。（11）后庭遗曲：指歌曲《玉树后庭花》，传为陈后主所作，其辞哀怨绮靡，后人将它看成亡国之音。最后三句化用杜牧《泊秦淮》“商女不知亡国恨，隔江犹唱《后庭花》”诗意。

译文：

登高远望金陵故都正值晚秋，天气逐渐变得飒爽清凉。千里澄澈的长江像一条白练，那青翠的山峰有如箭镞。斜阳下船儿来来往往，西风掠过酒肆青旗猎猎飘扬。画船上云烟淡，银河里白鹭飞，图画也难以将这幅美景绘出。

追忆昔日金陵帝王在此追欢，可叹兵临城下美人歌舞，亡国的悲恨凄楚首尾相继。自由以来有多少人对此登高凭吊，漫自嗟叹兴亡与荣辱。六朝旧事已经随着流水消逝，只见寒雾草木衰枯仍呈绿色。至今还有那茶楼酒肆的歌女，时时还在唱着那首古老的《后庭芳》。

赏析：

此词作于王安石第二次被罢相、出知江宁府的时候，通过对金陵（今江苏南京）景物的赞美和历史兴亡的感喟，寄托了作者对当时朝政的担忧和对国家政治大事的关心。

上片描绘南朝故都金陵的壮丽景色。词的前三句开门见山，写作者于一个深秋的傍晚，临江览胜，凭高吊古。“正”“初”“肃”三字逐步将其主旨点醒。以下两句，极目所见，江山形胜已赫然而出，再写征帆、酒旗，动静结合。写景至此，全是白描，下面“彩舟”“星河”两句一联，顿增明丽之色。然而词拍已到上片歇处，故而笔亦就此敛住，以“画图难足”一句，抒赞美嗟赏之怀，颇有大家风范。“澄江”“翠峰”“征帆”“斜阳”“酒旗”“西风”“云淡”“鹭起”，依次勾勒水、陆、空的雄浑场面，境界苍凉。

下片抒发怀古感喟而寓伤时之意。前三句写六朝统治者皆以荒淫而相继亡覆的史实，谴责他们“繁华竞逐”，不修政事，武备衰弛，导致亡国。接下来的四句感叹六朝写的是悲恨荣辱，空贻后人凭吊之资；往事无痕，唯见秋草凄碧，触目惊心而已。词至结语，化用唐杜牧“商女不知亡国恨，隔江犹唱《后庭花》”，意在借怀古警戒当朝，表达出深沉的抑郁和沉重的叹息。

这首词境界雄浑、阔大，伤怀吊古，暗寄讽谏之情，可以看出词人对统治者的劝诫和忧国忧民的情怀，可谓蕴藉深沉。

【词林撷翠】

桂枝香·松江岸侧 ［宋］吕同老

松江岩侧。正乱叶坠红，残浪收碧。犹记灯寒暗聚，簖疏轻入。休嫌郭索尊前笑，且开颜、其倾芳液。翠橙丝雾，玉葱浣雪，嫩黄初擘。

自那日、新诗换得。又几度相逢，落潮秋色。常是篱边早菊，慰渠岑寂。如今谩江山兴，更谁怜、草泥踪迹。但将身世，浮沈醉乡，旧游休忆。

桂枝香·残蝉乍歇 ［宋］陈允平

残蝉乍歇。又乱叶打窗，蛩韵凄切。寂寞天香院宇，露凉时节。乘鸾扇底婆娑影，幻清虚、广寒宫阙。小山秋重，千岩夜悄，举尊邀月。

甚赋得、仙标道骨。倩谁捣玄霜，犹未成屑。回首蓝桥路迥，梦魂飞越。雕阑翠甃金英满，洒西风、非雨非雪。惜花心性，输他少年，等闲攀折。

【雏凤清音】

桂枝香·咏史

寒波水皱，正郁郁残冬，冷云出岫。千里狼烟漫起，阴霾遮昼。铁蹄踏血魂飞逝，念昔时，哪堪回眸。奈何商女，壮心掩入，锦衣绫袖。

忆曹刘，青梅煮酒。问英雄何在，萧萧白首。满目江川寥落，家国不寿。金迷纸醉安如是，看豪堂不减明秀。泪殇天下，谁人关切，百姓忧愁？

三、满江红 [mǎn jiāng hóng]

【词牌名片】

唐人小说《冥音录》载曲名“上江虹”，后更名“满江红”。别名“伤春曲”。宋以来始填此词调。双调，93字。前片47字，八句，四仄韵；后片46字，十句，五仄韵。一般例用入声韵。声情激越，宜抒豪壮情感和恢张襟抱。传唱最广的是岳飞的《满江红·怒发冲冠》，苏轼、辛弃疾等名家的《满江红》词也非常著名。

满江红

中仄平平，
平中仄、中平中**仄**。
平仄仄、仄平平仄，
仄平中**仄**。
中仄中平平仄仄，
中平中仄平平**仄**。
中中中、中仄仄平平，
平平**仄**。

中中仄，
平仄**仄**。
平仄仄，
平平**仄**。
仄平平中仄，
仄平平**仄**。
中仄中平平仄仄，
中平中仄平平**仄**。
中中中、中仄仄平平，
平平**仄**。

怒发冲冠 [南宋] 岳飞

怒发冲冠，
凭栏处，潇潇雨**歇**。
抬望眼、仰天长啸，
壮怀激**烈**。
三十功名尘与土，
八千里路云和**月**。
莫等闲、白了少年头，
空悲**切**。

靖康耻，
犹未**雪**。
臣子恨，
何时**灭**？
驾长车踏破，
贺兰山**缺**。
壮志饥餐胡虏肉，
笑谈渴饮匈奴**血**。
待从头、收拾旧山河，
朝天**阙**。

【经典鉴赏】

注释：

（1）怒发冲冠：气得头发竖起，以至于将帽子顶起。形容愤怒至极，冠是指帽子而不是头发竖起。（2）潇潇：形容雨势急骤。（3）长啸：感情激动时撮口发出清而长的声音，为古人的一种抒情之举。（4）三十功名尘与土：三十年来，建立了一些功名，如同尘土。（5）八千里路云和月：形容南征北战，路途遥远，披星戴月。（6）等闲：轻易，随便。（7）靖康耻：宋钦宗靖康二年（1127），金兵攻陷汴京，掳走徽、钦二帝。（8）贺兰山：贺兰山脉位于宁夏回族自治区与内蒙古自治区交界处。一说是位于邯郸市磁县境内的贺兰山。（9）朝天阙：朝见皇帝。天阙：本指宫殿前的楼观，此指皇帝生活的地方。

译文：

我怒发冲冠登高倚栏杆，一场潇潇细雨刚刚停歇。抬头放眼四望辽阔一片，仰天长声啸叹悲壮激烈。三十年勋业如今成尘土，征战千里只有浮云明月。莫虚度年华白了少年头，只有独自悔恨悲悲切切。

靖康年的奇耻尚未洗雪；臣子愤恨何时才能泯灭。我想驾驭着一辆辆战车，踏破贺兰山的敌人营垒。壮志同仇饿吃敌军的肉，笑谈蔑敌渴饮敌军的血。我要从头再来重新收复旧日山河，朝拜故都京阙。

赏析：

这是一首气壮山河、光照日月的传世名作。全词声情激越，气势磅礴，体现了抗金英雄岳飞扫荡敌寇、还我河山的坚定意志和必胜信念，反映了深受分裂、隔绝之苦的南北人民的共同心愿。

开篇五句起势突兀，破空而来，通过刻画作者始而怒发冲冠、继而仰天长啸的情态，揭示了他凭栏远眺中原失地所引起的汹涌激荡的心潮，“怒发冲冠”是艺术夸张，是说由于异常愤怒，以至于头发竖起，把帽子也顶起来了，如此强烈的感情，缘于他对金兵侵扰中原，烧杀掳掠的罪行的雷霆之怒。接着四句激励自己，不要轻易虚度这壮年光阴，争取早日完成抗金大业。“三十功名尘于土”，表现了他蔑视功名，唯以报国为念的高风亮节，“八千里路云和月”，是说不分阴晴，转战南北，在为收复中原而战斗，展现了披星戴月、转战南北的漫长征程，隐然有任重道远、不可稍懈的自励之意。“莫等闲”二句既是激励自己，也是鞭策部下：珍惜时光，倍加奋勉，以早日实现匡复大业。耿耿之心，拳拳之意，尽见于字里行间。它和《汉乐府·长歌行》中的“少壮不努力，老大徒伤悲”一样，是被后人奉为箴铭的警策之句。

下片进一步表现作者报仇雪耻、重整乾坤的壮志豪情。“靖康耻”四句，句式短促，而音韵铿锵，突出了全诗中心。“何时灭”，用反诘句吐露其一腔民族义愤，语感强烈，力透字背。“驾长车”句表达自己踏破重重险关、直捣敌人巢穴的决心。“壮志”二句是“以牙还牙，以血还血”式的愤激之语，见出作者对不共戴天的敌寇的切齿痛恨。结篇“待从头”二句再度慷慨明誓：等到失地收复、江山一统之后，再回京献捷。全词以雷贯火燃之笔一气旋折，具有撼人心魄的艺术魅力，因而广为传诵，不断激发起人们的爱国心与报国情。

【词林撷翠】

满江红·登黄鹤楼有感 ［南宋］岳飞

遥望中原，荒烟外、许多城郭。想当年，花遮柳护，凤楼龙阁。万岁山前珠翠绕，蓬壶殿里笙歌作。到而今、铁骑满郊畿，风尘恶。

兵安在？膏锋锷。民安在？填沟壑。叹江山如故，千村寥落。何日请缨提锐旅，一鞭直渡清河洛。却归来、再续汉阳游，骑黄鹤。

满江红·暮雨初收 ［宋］柳永

暮雨初收，长川静、征帆夜落。临岛屿、蓼烟疏淡，苇风萧索。几许渔人飞短艇，尽载灯火归村落。遣行客、当此念回程，伤漂泊。

桐江好，烟漠漠。波似染，山如削。绕严陵滩畔，鹭飞鱼跃。游宦区区成底事，平生况有云泉约。归去来、一曲仲宣吟，从军乐。

满江红·拂拭残碑 ［明］文徵明

拂拭残碑，敕飞字，依稀堪读。慨当初，倚飞何重，后来何酷。岂是功成身合死，可怜事去言难赎。最无辜，堪恨更堪悲，风波狱。

岂不念，疆圻蹙；岂不念，徽钦辱。念徽钦既返，此身何属。千载休谈南渡错，当时自怕中原复。笑区区、一桧亦何能，逢其欲。

满江红·小住京华 ［清］秋瑾

小住京华，早又是、中秋佳节。为篱下、黄花开遍，秋容如拭。四面歌残终破楚，八年风味徒思浙。苦将侬、强派作娥眉，殊未屑！

身不得，男儿列，心却比，男儿烈。算平生肝胆，因人常热。俗子胸襟谁识我？英雄末路当磨折。莽红尘，何处觅知音？青衫湿！

【雏凤清音】

满江红·何处燕声 魏新胜

何处燕声，望归处，尽断衡阳。逢佳节，不恨桂魄，且赏桂香。只今风雨三千长，黄花霜下动情伤。千樽后，秋草连碧天，作远航。

暂为别，祷安康。莫牵念，损柔肠。赫赫登高堂，笑谁痴狂！卷起大漠遮穹，华夏尽为我疆场！待明日，长江有后浪，东风壮！

四、念奴娇［niàn nú jiāo］

【词牌名片】

念奴是唐代歌女的名字。传说玄宗每年游幸各地时，念奴常暗中随行。每次辞岁宴会时间一长，宾客就吵闹，使音乐奏不下去，玄宗叫高力士高呼念奴出来唱歌，大家才安静下来。《开元天宝遗事》载：“念奴每执板当席，声出朝霞之上。”相传《念奴娇》词调就由她而兴，意在赞美她的演技。本调异名特多。因苏轼赤壁怀古词中有“大江东去”“一尊还酹江月”句，又名“大江东去”“赤壁词”“赤壁谣”“酹江月”“酹月”。曾觌词名“壶中天慢”。戴复古词有“大江西上”句，名“大江西上曲”。姚述尧词有“太平无事，欢娱时节”句，名“太平欢”。韩淲词有“年年眉寿，坐对南枝”句，名“寿南枝”，又名“古梅曲”。姜夔词名“湘月”，自注“即‘念奴娇’‘鬲指声’”。张辑词有“柳花淮甸春冷”句，名“淮甸春”。米友仁词名“白雪词”。张翥词名“百字令”，又名“百字谣”。丘长春词名“无俗念”。游文仲词名“千秋岁”。《翰墨全书》词名“庆长春”，又名“杏花天”。双调，100字，前片49字，后片51字。各十句四仄韵，一韵到底。此令宜于抒写豪迈感情。苏轼《赤壁怀古》一词，句读与各家词微有出入，是变格，本书兹录此格。

念奴娇

仄平平仄，
仄平仄、平仄平平平仄。
仄仄平平，
平仄仄、平仄平平仄仄。
仄仄平平，
平平仄仄，
中仄平平仄。
平平平仄，
仄中平仄平仄。

中仄中仄平平，
仄平平仄仄，
平平平仄。
仄仄平平，
平仄仄、中仄平平平仄。
仄仄平平，
中平中仄仄，
仄平平仄。
中平平仄，
仄平平仄平仄。

赤壁怀古 ［宋］苏轼

大江东去，
浪淘尽，千古风流人物。
故垒西边，
人道是：三国周郎赤壁。
乱石崩云，
惊涛裂岸，
卷起千堆雪。
江山如画，
一时多少豪杰。

遥想公瑾当年，
小乔初嫁了，
雄姿英发。
羽扇纶巾，
谈笑处、樯橹灰飞烟灭。
故国神游，
多情应笑我，
早生华发。
人间如梦，
一尊还酹江月。

【经典鉴赏】

注释：

（1）赤壁：此指黄州赤壁，一名“赤鼻矶”，在今湖北黄冈西。而三国古战场的赤壁，在今湖北赤壁市蒲圻县西北。（2）大江：指长江。（3）风流人物：指杰出的历史名人。（4）故垒：过去遗留下来的营垒。（5）周郎：指三国时吴国名将周瑜，字公瑾，少年得志，24岁为中郎将，掌管东吴重兵。（6）雪：比喻浪花。（7）小乔初嫁了（liǎo）：小乔（乔，本作“桥”）为周瑜妻。此处言“初嫁”，是言其少年得意，倜傥风流。（8）雄姿英发（fā）：谓周瑜体貌不凡，言谈卓绝。英发，谈吐不凡，见识卓越。（9）羽扇纶（guān）巾：古代儒将的便装打扮。羽扇，羽毛制成的扇子。纶巾，青丝制成的头巾。（10）樯橹（qiáng lǔ）：这里代指曹操的水军战船。樯，挂帆的桅杆。橹，一种摇船的桨。（11）故国神游："神游故国"的倒文。故国：这里指旧地，当年的赤壁战场。神游：于想象、梦境中游历。（12）"多情"二句："应笑我多情，早生华发"的倒文。华发（fà）：花白的头发。（13）一尊还（huán）酹（lèi）江月：古人祭奠以酒浇在地上祭奠。这里指洒酒酬月，寄托自己的感情。尊：通"樽"，酒杯。（14）强虏：强大之敌，指曹军。虏：对敌人的蔑称。

译文：

大江浩浩荡荡向东流去，滔滔巨浪淘尽千古英雄人物。那旧营垒的西边，人们说那就是三国周瑜鏖战的赤壁。陡峭的石壁直耸云天，如雷的惊涛拍击着江岸，激起的浪花好似卷起千万堆白雪。雄壮的江山奇丽如图画，一时间涌现出多少英雄豪杰。

遥想当年的周瑜春风得意，绝代佳人小乔刚嫁给他，他英姿奋发豪气满怀。手摇羽扇头戴纶巾，谈笑之间，强敌便灰飞烟灭。我今日神游当年的战地，可笑我多情善感，过早地生出满头白发。人生犹如一场梦，且洒一杯酒祭奠江上的明月。

赏析：

《念奴娇·赤壁怀古》是豪放词的代表作之一。作者苏轼因"乌台诗案"被贬黄州，公元1082年（宋神宗元丰五年），作者时年47岁，谪居黄州已两年，心中有无尽的忧愁无从述说，于是四处游山玩水以放松情绪。正巧来到黄州城外的赤壁（鼻）矶，此处壮丽的风景使作者感触良多，更是让作者在追忆当年三国时期周瑜无限风光的同时也感叹时光易逝，因写下此词。

此词上阕，先即地写景，为英雄人物出场铺垫。开篇从滚滚东流的长江着笔，随即用"浪淘尽"，把倾注不尽的大江与名高累世的历史人物联系起来，布置了一个极为广阔而悠久的空间时间背景。接着"故垒"两句，点出这里是传说中的古代赤壁战场。关于当年的战场的具体地点，向来众说纷纭，东坡在此不过是聊借怀古以抒感，"人道是"下字极有分寸。"周郎赤壁"既是拍合词题，又是为下阕缅怀公瑾预伏一笔。以下"乱石"三句，集中描写赤壁雄奇壮阔的景物：陡峭的山崖散乱地高插云霄，汹涌的骇浪猛烈地搏击着江岸，滔滔的江流卷起千万堆澎湃的雪浪。使人心胸为之开阔，精神为之振奋。煞拍二句，总束上文，带起下片。所谓“地灵人杰”，“江山如画”必能哺育、涌现许多英雄，出现“一时多少豪杰”的格局。

下片由面到点，集中笔力塑造青年时周瑜的形象，由“遥想”领起五句，从几个方面把人物刻画得栩栩如生。在写赤壁之战前，忽插入“小乔初嫁了”这一生活细节，以美人烘托英雄，更见出周瑜的丰姿潇洒、韶华似锦、年轻有为，足以令人艳羡。“雄姿英发，羽扇纶巾”，是从肖像仪态上描写周瑜束装儒雅，风度翩翩。反映出作为指挥官的周瑜临战潇洒从容，说明他对这次战争早已成竹在胸、稳操胜券。“谈笑间、樯橹灰飞烟灭”，抓住了火攻水战的特点，精切地概括了整个战争的胜利场景。

苏轼如此向慕周瑜，是因为他觉察到北宋国力的软弱和辽夏军事政权的严重威胁，他时刻关心边庭战事，有着一腔报国疆场的热忱。面对边疆危机的加深，目睹宋廷的萎靡慵懦，自己纵有报国之志却被贬黄州，所以当词人一旦从“神游故国”跌入现实，就不免思绪深沉、顿生感慨，而情不自禁地发出自笑多情、光阴虚掷的叹惋了。“一尊还酹江月”折射出作者对现实的无奈。

此词通过对月夜江上壮美景色的描绘，借对古代战场的凭吊和对风流人物才略、气度、功业的追念，曲折地表达了作者怀才不遇、功业未就、老大未成的忧愤之情，同时表现了作者关注历史和人生的旷达之心。全词借古抒怀，雄浑苍凉，大气磅礴，笔力遒劲，境界宏阔，将写景、咏史、抒情融为一体，给人以撼魂荡魄的艺术力量，被誉为“古今绝唱”。

【词林挹翠】

念奴娇·中秋 ［宋］苏轼

凭高眺远，见长空万里，云无留迹。桂魄飞来，光射处，冷浸一天秋碧。玉宇琼楼，乘鸾来去，人在清凉国。江山如画，望中烟树历历。

我醉拍手狂歌，举杯邀月，对影成三客。起舞徘徊风露下，今夕不知何夕？便欲乘风，翻然归去，何用骑鹏翼。水晶宫里，一声吹断横笛。

念奴娇·中秋宴客 ［宋］叶梦得

洞庭波冷，望冰轮初转，沧海沈沈。万顷孤光云阵卷，长笛吹破层阴。汹涌三江，银涛无际，遥带五湖深。酒阑歌罢，至今鼍怒龙吟。

回首江海平生，漂流容易散，佳期难寻。缥缈高城风露爽，独倚危槛重临。醉倒清尊，姮娥应笑，犹有向来心。广寒宫殿，为予聊借琼林。

念奴娇·萧条庭院 ［宋］李清照

萧条庭院，又斜风细雨，重门须闭。宠柳娇花寒食近，种种恼人天气。险韵诗成，扶头酒醒，别是闲滋味。征鸿过尽，万千心事难寄。

楼上几日春寒，帘垂四面，玉阑干慵倚。被冷香消新梦觉，不许愁人不起。清露晨流，新桐初引，多少游春意。日高烟敛，更看今日晴未。

念奴娇·洞庭青草 ［南宋］张孝祥

洞庭青草，近中秋，更无一点风色。玉鉴琼田三万顷，著我扁舟一叶。素月分辉，明河共影，表里俱澄澈。悠然心会，妙处难与君说。

应念岭表经年，孤光自照，肝胆皆冰雪。短发萧骚襟袖冷，稳泛沧溟空阔。尽挹西江，细斟北斗，万象为宾客。扣舷独啸，不知今夕何夕！

念奴娇·断虹霁雨 ［宋］黄庭坚

八月十七日，同诸生步自永安城楼，过张宽夫园待月。偶有名酒，因以金荷酌众客。客有孙彦立，善吹笛。援笔作乐府长短句，文不加点。

断虹霁雨，净秋空，山染修眉新绿。桂影扶疏，谁便道，今夕清辉不足？万里青天，姮娥何处，驾此一轮玉。寒光零乱，为谁偏照醽醁？

年少从我追游，晚凉幽径，绕张园森木。共倒金荷，家万里，难得尊前相属。老子平生，江南江北，最爱临风笛。孙郎微笑，坐来声喷霜竹。

念奴娇·登多景楼 ［南宋］陈亮

危楼还望，叹此意、今古几人曾会？鬼设神施，浑认作、天限南疆北界。一水横陈，连岗三面，做出争雄势。六朝何事，只成门户私计？

因笑王谢诸人，登高怀远，也学英雄涕。凭却长江，管不到，河洛腥膻无际。正好长驱，不须反顾，寻取中流誓。小儿破贼，势成宁问强对！

【雏凤清音】

念奴娇·焚昔忆　墨梓棋

几度凉秋，人依旧，却似一增千愁。由来一梦叶凋，依依亶费泪落。美目婳只，绝婉怎何，终乃黄花堆损。今亦非昨，苦处难与君说。

桃梳疑是涕朽，知心难求，惜缘倾我泪。长发姌嫋不再媚，梦鸢吐血和歌。去无人恋，欲笑还颦，肠断谁与倚？昔语焚撕，不泣今夕折壁。

五、沁园春［qìn yuán chūn］

【词牌名片】

本调是古调，创始于晚唐。调名源于东汉窦宪倚势变相强夺沁水公主田园之典故。据《后汉书》卷五十三《窦宪传》记载：宪恃宫掖声执，遂以贱直请夺沁水公主田园，主逼畏不敢计。后肃宗驾出，过园，指以问宪，宪阴喝不得对。后发觉，帝大怒，召宪，切责。……宪大震惧。皇后为毁服深谢，良久乃得解，使以田还主。后人感叹其事，多咏叹之。到唐代后，“沁园”已成为典故见诸文人笔下，并进入音乐领域，成为音乐题材。现在传世的最早《沁园春》词当数张先的《沁园春·寄都城赵阅道》词，但张先之词与苏轼《沁园春·孤馆灯青》词相比，尚欠精工。故后人填《沁园春》，多遵苏词格律。格局开张，宜抒壮阔豪迈情感。苏、辛一派最喜用之。别名“念离群”“东仙”“洞庭春色”“寿星明”“千春词”“大圣乐”。双调，114字。上片十三句，四平韵，下片十二句，五平韵，一韵到底。上片第四句与下片第三句皆以一字领下四言四句，上下片结尾并以一字领下四言二句，宜用去声字。上片四五句，六七句、八九句，下片三四句，五六句，七八句均要求对仗。四个五字句，都是上一下四句法。上下片的后九句字数与平仄完全相同。

沁园春	叠嶂西驰　［南宋］辛弃疾
中仄平平，	叠嶂西驰，
仄仄平平，	万马回旋，
仄仄仄平。	众山欲东。

(仄)*中平中仄*，
中平中仄，
中平中仄，
*中仄平***平**。
中仄平平，
中平中仄，
中仄平平中仄**平**。
平平仄，
(仄)中平中仄，
中仄平**平**。

平平中仄平**平**，
仄中仄平平中仄**平**。
(仄)*中平中仄*，
中平中仄，
中平中仄，
*中仄平***平**。
中仄平平，
中平中仄，
中仄平平中仄**平**。
平平仄，
(仄)中平中仄，
中仄平**平**。

正惊湍直下，
跳珠倒溅；
小桥横截，
*缺月初***弓**。
老合投闲，
天教多事，
检校长身十万**松**。
吾庐小，
在龙蛇影外，
风雨声**中**。

争先见面重**重**，
看爽气朝来三数**峰**。
似谢家子弟，
衣冠磊落；
相如庭户，
*车骑雍***容**。
我觉其间，
雄深雅健，
如对文章太史**公**。
新堤路，
问偃湖何日，
烟水蒙**蒙**？

【经典鉴赏】

注释：

（1）惊湍（tuān）：急流，此指山上的飞泉瀑布。（2）跳珠：飞泉直泻时溅起的水珠。（3）缺月初弓：形容横截水面的小桥像一弯弓形的新月。（4）合：应该。（5）投闲：指离开官场，过闲散的生活。（6）检校：巡查，管理。长身：高大。（7）龙蛇影：松树影。（8）爽气朝来：朝来群峰送爽，沁人心脾。（9）磊落：仪态俊伟而落落大方。（10）太史公：司马迁，曾任太史令，自称太史公。

译文：

重峦叠嶂向西奔驰，像千万匹马回旋一般，这许多的山要掉头向东而去。恰好湍急的水流直直地落下，迸跳的水珠四处溅下；小桥横架在急流之上，像不圆的月亮和刚拉开的弓。人老了应当过闲散的日子，可老天给我多事，来掌管十万棵高大的松树。我的房舍小，但在松树盘曲的枝干影子的外边，在风风雨雨的声音中间。

雨雾消散，重峦叠嶂露出面容，争着和人见面。看早晨清新凉爽的空气从一座座山峰扑面而来。座座山峰好像谢家子弟，衣着潇洒，长相英俊；又好像司马相如的车骑一般雍容华贵。我感觉这其中，有的如司马迁的文章一样，雄浑深沉，典雅劲健。在刚刚修好的偃湖堤的路上，问偃湖哪一天能够展现烟水的美好景色？

赏析：

这首词大约作于宋宁宗庆元二年（1196）作者落职闲居之时，写的是上饶西部的灵山风景。上片以军人战马喻景，寓不甘投闲之志；下片写山容磊落雍容，寄人事不堪之悲。

上片头三句写灵山群峰，是远景。再写近景："正惊湍直下，跳珠倒溅；小桥横截，缺月初弓。"这里有飞瀑直泻而下，倒溅起晶莹的水珠，如万斛明珠弹跳反射。还有一弯新月般的小桥，横跨在那清澈湍急的溪流上。"老合投闲，天教多事，检校长身十万松。"连绵不断的茂密森林，是这里的又一景色。辛弃疾面对这无边无垠、高大葱郁的松树林，不由浮想联翩：这些长得高峻的松树，多么像英勇善战，所向无敌的战士。想自己"壮岁旌旗拥万夫"，何等英雄，而今人老了，该当过闲散的生活，可是老天爷不放他闲着，又要他来统率这支十万长松大军呢！貌似诙谐的笑语，实则是内心深处浓郁着报国无门的孤愤。"在龙蛇影外，风雨声中。"每当皓月当空，可以看到状如龙蛇般盘屈的松影，又可以听到声如风雨的万壑松涛，这只是作者无奈的自嘲罢了。

上片写灵山总体环境之美，下片则是词人抒写自己处于大自然中的感受了。辛弃疾处于这占尽风光的齐庵中，举目四望，无边的青山千姿百态。拂晓，在清新的空气中迎接曙光，东方的几座山峰，像天真活泼的孩子，一个接着一个从晓雾中探出头来，争相同他见面，向他问好。红日升起了，山色清明，更是气象万千。看那边一座山峰拔地而起，峻拔而潇洒，充满灵秀之气。它那美少年的翩翩风度，不就像芝兰玉树般的东晋谢家子弟吗？再看那座巍峨壮观的大山，苍松掩映，奇石峥嵘，它那高贵亮丽的仪态，不就像司马相如赴临邛时那种车骑相随、华贵雍容的气派么！词人惊叹：大自然的美是掬之不尽的，置身于这千峰竞秀的大地，仿佛觉得此中给人的是雄浑、深厚、高雅、刚健等诸种美的感受，好像在读太史公的一篇篇好文章，给人以丰富的精神享受。此中乐，乐无穷啊！在作者心目中，灵山结庐，美妙无穷，于是他关切地打听修筑偃湖的计划，并油然而生一种在此长居的感觉。

【词林撷翠】

沁园春·孤馆灯青 ［宋］苏轼

赴密州，早行，马上寄子由。

孤馆灯青，野店鸡号，旅枕梦残。渐月华收练，晨霜耿耿；云山摛锦，朝露漙漙。世路无穷，劳生有限，似此区区长鲜欢。微吟罢，凭征鞍无语，往事千端。

当时共客长安，似二陆初来俱少年。有笔头千字，胸中万卷；致君尧舜，此事何难？用舍由时，行藏在我，袖手何妨闲处看。身长健，但优游卒岁，且斗尊前。

沁园春·我醉狂吟 ［南宋］辛弃疾

我醉狂吟，君作新声，倚歌和之。算芬芳定向，梅间得意，轻清多是，雪里寻思。朱雀桥边，何人会道，野草斜阳春燕飞。都休问，甚元无霁雨，却有晴霓。

诗坛千丈崔嵬，更有笔如山墨作溪。看君才未数，曹刘敌手，风骚合受，屈宋降旗，谁识相如，平生自许，慷慨须乘驷马归。长安路，问垂虹千柱，何处曾题。

沁园春·老子平生 ［南宋］辛弃疾

老子平生，笑尽人间，儿女怨恩。况白头能几，定应独往，青云得意，见说长存。抖擞衣冠，怜渠无恙，合挂当年神武门。都如梦，算能争几许，鸡晓钟昏。

此心无有新冤。况抱瓮年来自灌园。但凄凉顾影，频悲往事，殷勤对佛，欲问前因。却怕青山，也妨贤路，休斗尊前见在身。山中友，试高吟楚些，重与招魂。

沁园春·孤鹤归飞 ［南宋］陆游

孤鹤归飞，再过辽天，换尽旧人。念累累枯冢，茫茫梦境，王侯蝼蚁，毕竟成尘。载酒园林，寻花巷陌，当日何曾轻负春？流年改，叹围腰带剩，点鬓霜新。

交亲零落如云，又岂料如今馀此身。幸眼明身健，茶甘饭软，非惟我老，更有人贫。躲尽危机，消残壮志，短艇湖中闲采莼。吾何恨，有渔翁共醉，溪友为邻。

沁园春·为子死孝 ［南宋］文天祥

为子死孝，为臣死忠，死又何妨。自光岳气分，士无全节；君臣义缺，谁负刚肠。骂贼张巡，爱君许远，留取声名万古香。后来者，无二公之操，百炼之钢。

人生翕欻云亡。好烈烈轰轰做一场。使当时卖国，甘心降虏，受人唾骂，安得流芳。古庙幽沉，仪容俨雅，枯木寒鸦几夕阳。邮亭下，有奸雄过此，仔细思量。

沁园春·丁巳重阳前 ［清］纳兰性德

丁巳重阳前三日，梦亡妇淡妆素服，执手哽咽，语多不复能记。但临别有云：“衔恨愿为天上月，年年犹得向郎圆。”妇素未工诗，不知何以得此也，觉后感赋。

瞬息浮生，薄命如斯，低回怎忘。记绣榻闲时，并吹红雨；雕阑曲处，同倚斜阳。梦好难留，诗残莫续，赢得更深哭一场。遗容在，只灵飙一转，未许端详。

重寻碧落茫茫。料短发、朝来定有霜。便人间天上，尘缘未断，春花秋叶，触绪还伤。欲结绸缪，翻惊摇落，减尽荀衣昨日香。真无奈，倩声声檐雨，谱出回肠。

【雏凤清音】

沁园春·三十光阴 雪泥萍踪

三十光阴，旧梦新年，屡换愁肠。竟吟成孤卷，桃源未觅；歌存骇句，人物相当。纵以诗终，谁能痴老，万事遗来还剩狂。飘帘下，有三唐两宋，古调悠长。

凭人莫猜凄惶，也不乞钟期青眼量。到心沉一叶，草花皆等；人寻千度，灯火何乡。学自无迟，诗堪自爱，不负江山约一场。堆书坐，任尘埃上下，月破云荒。

六、声声慢［shēng shēng màn］

【词牌名片】

“声声慢”原名“胜胜慢”，最早见于北宋晁补之笔下，题序明言是为家妓荣奴的离去而作。慢曲相对于令曲，字句长，韵少，节奏舒缓。虽是单遍，但唱起来格外悠长婉转，唐人就有“慢处声迟情更多”的说法。用“胜胜慢”为名，看来当时晁补之的这一曲比之一般的慢曲还要来得更缠绵娓丽些。南宋末年，蒋捷以此调咏秋声，均用“声”字收韵，故易名为“声声慢”。别名“人在楼上”“凤求凰”“寒松叹”。双调，共97字。上片九句，押四平韵，49字；下片八句，押四平韵，48字。但《漱玉词》所用仄韵格最为世所传诵，因即据以为准。前后片各五仄韵，例用入声部韵。

声声慢

平平仄**仄**，
仄仄平平，
平平仄仄仄**仄**。
仄仄平平平仄，
仄平平**仄**。
平平仄仄仄仄，
仄仄平、仄平平**仄**。
仄仄仄，
仄平平、仄仄仄平平**仄**。

仄仄平平平**仄**，
平仄仄、平平仄平平**仄**。

寻寻觅觅　［南宋］李清照

寻寻觅**觅**，
冷冷清清，
凄凄惨惨戚**戚**。
乍暖还寒时候，
最难将**息**。
三杯两盏淡酒，
怎敌他、晚来风**急**？
雁过也，
正伤心，却是旧时相**识**。

满地黄花堆**积**，
憔悴损，如今有谁堪**摘**？

仄仄平平，
仄仄仄平仄**仄**。
平平仄平仄仄，
仄平平、仄仄仄**仄**。
仄仄仄，
仄仄仄平仄仄**仄**。

守着窗儿，
独自怎生得**黑**？
梧桐更兼细雨，
到黄昏、点点滴**滴**。
这次第，
怎一个愁字了**得**？

【经典鉴赏】

注释：

（1）寻寻觅觅：意谓想把失去的一切都找回来，表现非常空虚怅惘、迷茫失落的心态。（2）凄凄惨惨戚戚：忧愁苦闷的样子。（3）乍暖还（huán）寒：指秋天的天气，忽然变暖，又转寒冷。（4）将息：旧时方言，休养调理之意。（5）损：表示程度极高。（6）怎生：怎样的。生：语助词。（7）梧桐更兼细雨：暗用白居易《长恨歌》“秋雨梧桐叶落时”诗意。（8）这次第：这光景、这情形。

译文：

整天都在寻觅一切清冷惨淡，我不由感到极度的哀伤凄凉。乍暖还寒的秋季最难以调养。饮三杯两盏淡酒怎能抵御它傍晚时来的冷风吹得紧急。向南避寒的大雁已飞过去了，伤心的是却是原来的旧日相识。

家中的后园中已开满了菊花，我忧伤憔悴无心赏花惜花，如今花儿将败还有谁能采摘？静坐窗前独自熬到天色昏黑？梧桐凄凄细雨淋漓黄昏时分、那雨声还点点滴滴。此情此景，用一个愁字又怎么能说得够？

赏析：

靖康之变后，李清照国破，家亡，夫死，伤于人事。这时期她的作品再不是当年那样清新可人，浅斟低唱，而转为沉郁凄婉。此词便是这时期的典型代表作品之一。

起句便不寻常，一连用七组叠词。不但在填词中，即使在诗赋曲也绝无仅有。但好处不仅在此，这七组叠词还极富音乐美，来回反复吟唱，徘徊低迷，婉转凄楚，一种莫名其妙的愁绪在心头和空气中弥漫开来，久久不散，余味无穷。心情不好，再加上这种乍暖还寒天气，或为御寒，或为浇愁，于是词人就喝了几杯酒，可是傍晚时分，冷风正劲，独饮凄清，偏又听到孤雁的悲鸣，再次划破了词人未愈的伤口，头白鸳鸯失伴飞，似曾相识燕归来，物是人非事事休，欲语泪先流。

下片由秋日高空转入自家庭院。园中开满了菊花，秋意正浓。但作者眼中的菊花，已憔悴不堪，落红满地，再无当年那种“东篱把酒黄昏后，有暗香盈袖”的雅致了。独坐窗前，再也望不见夫君回来，对着这阴沉的天，一个人要怎样才能熬到黄昏的来临呢？好不容易等到黄昏，却又下起雨来。点点滴滴，淅淅沥沥，无边丝雨细如愁，下得人心更烦。再看到屋外那两棵梧桐，虽然在风雨中却互相扶持，互相依靠，两相对比，自己一个人要凄凉多了。“这次第，怎一个愁字了得？”虽简单直白，却是点睛之笔，无法掩饰的愁苦喷薄而出。

【词林撷翠】

声声慢·开元盛日 ［南宋］辛弃疾

开元盛日，天上栽花，月殿桂影重重。十里芬芳，一枝金粟玲珑。管弦凝碧池上，记当时、风月愁侬。翠华远，但江南草木，烟锁深宫。

只为天姿冷淡，被西风酝酿，彻骨香浓。枉学丹蕉，叶展偷染妖红。道人取次装束，是自家、香底家风。又怕是，为凄凉、长在醉中。

声声慢·都下与沈尧道同赋 ［南宋］张炎

平沙催晓，野水惊寒，遥岑寸碧烟空。万里冰霜，一夜换却西风。晴梢渐无坠叶，撼秋声、都是梧桐。情正远，奈吟湘赋楚，近日偏慵。

客里依然清事，爱窗深帐暖，戏拣香筒。片霎归程，无奈梦与心同。空教故林怨鹤，掩闲门、明月山中。春又小，甚梅花、犹自未逢。

注：别本作“北游答曾心传惠诗”。

声声慢·秋声 ［南宋］蒋捷

黄花深巷，红叶低窗，凄凉一片秋声。豆雨声来，中间夹带风声。疏疏二十五点，丽谯门、不锁更声。故人远，问谁摇玉佩，檐底铃声？

彩角声吹月堕，渐连营马动，四起笳声。闪烁邻灯，灯前尚有砧声。知他诉愁到晓，碎哝哝、多少蛩声！诉未了，把一半、分与雁声。

【雏凤清音】

声声慢·艾艾　吴晨

黄昏雨巷，朦胧纱窗，宁静一片夏殇。湿尽双眸，泪竹飘落风声。遥望那年风华，柳下荫，同是飘零。故人远，静夜无人语，谁嘱叮咛。

从未话别艾亲，独数肩上蝶，透骨思浓。几丛树花，缥缈只为天涯。黎明初梦一场，少年游，千里无限。待归去，伊人逝，犹恋故人。

声声慢·淡烟封径

淡烟封径，点雨添塘，参差鼓起蛙鸣。响彻波间，惹得碧水含情。哪堪冷落岸柳，悄声声，说与孰听。故人远，问他乡可好，慨叹飘零。

今夜东风骤起，怨凄云锁月，黑裹三更。梦破芸窗，相思犹记长亭。遥怜两地别绪，暗自嗟，辜负今生。诚祈愿，后会日，终有一逢。

七、水调歌头［shuǐ diào gē tóu］

【词牌名片】

相传隋炀帝开凿汴河时曾自制《水调歌》，唐人演为大曲。大曲有散序、中序、入破三部分，“歌头”当为中序的第一章。别名“元会曲”“凯歌”“台城游”。双调，95字。上片九句，后片十句，上片第二、四、七、九句和下片第三、五、八、十句押平声韵。宋人于上下片中的各两个六字句，多夹叶仄韵。也有平仄互叶几乎句句押韵的，共七体。

水调歌头

中仄仄平仄，
中仄仄平平。
中平中仄平中，
中仄仄平平。
中仄平平中仄，

中秋［宋］苏轼

丙辰中秋，欢饮达旦，
大醉，作此篇，兼怀子由。

明月几时有？
把酒问青天。
不知天上宫阙、
今夕是何年。
我欲乘风归去，

中仄平平中仄，	又恐琼楼玉**宇**，
中仄仄平平。	高处不胜**寒**，
中仄仄平仄，	起舞弄清影，
中仄仄平平。	何似在人**间**。
中中中，	转朱阁，
中中仄，	低绮户，
仄平平。	照无**眠**。
中平中仄，	不应有恨，
平中平仄仄平平。	何事长向别时**圆**？
中仄平平中仄，	人有悲欢离**合**，
中仄平平中仄，	月有阴晴圆**缺**，
中仄仄平平。	此事古难**全**。
中仄中平仄，	但愿人长久，
中仄仄平平。	千里共婵**娟**。

苏轼《水调歌头·明月几时有》一词中的“去”与“宇”、“合”与“缺”，夹叶仄韵。

【经典鉴赏】

注释：

（1）丙辰：指公元1076年（宋神宗熙宁九年）。这一年苏轼在密州（今山东省诸城市）任太守。（2）子由：苏轼的弟弟苏辙。（3）天上宫阙（què）：指月中宫殿。阙：古代城墙后的石台。（4）琼（qióng）楼玉宇：美玉砌成的楼宇，指想象中的仙宫。（5）不胜（shèng）：经受不住。胜：承担、承受。（6）转朱阁，低绮（qǐ）户，照无眠：月儿移动，转过了朱红色的楼阁，低低地挂在雕花的窗户上，照着没有睡意的人（指诗人自己）。绮户：雕饰华丽的门窗。（7）不应有恨，何事长（cháng）向别时圆：（月儿）不该（对人们）有什么怨恨吧，为什么偏在人们分离时圆呢？何事：为什么。（8）此事：代指人的“欢”“合”和月的“晴”“圆”。（9）千里共婵（chán）娟（juān）：只希望两人年年平安，虽然相隔千里，也能一起欣赏这美好的月光。婵娟：指月亮。

译文：

丙辰年的中秋节，高兴地喝酒直到第二天早晨，喝到大醉，写了这首词，同时思念弟弟苏辙。

明月从什么时候才开始出现的？我端起酒杯遥问苍天。不知道在天上的宫殿，今天晚上是何年何月。我想要乘御清风回到天上，又恐怕在美玉砌成的楼宇，受不住高耸九天的寒冷。翩翩起舞玩赏着月下清影，哪像是在人间。

月光已转过朱红色的楼阁，低低地挂在雕花的窗户上，照着没有睡意的自己。明月不该对人们有什么怨恨吧，为什么偏在人们离别时才圆呢？人有悲欢离合的变迁，月有阴晴圆缺的转换，这种事自古来难以周全。只希望这世上所有人的亲人能平安健康，即便相隔千里，也能共享这美好的月光。

赏析：

作者因为与当权的变法者王安石等人政见不同，自求外放，辗转在各地为官。至1076年（神宗熙宁九年）中秋，与胞弟苏辙分别之后已七年未得团聚。此刻，词人面对一轮明月，心潮起伏，于是乘酒兴正酣，挥笔写下了这首名篇。

词前小序说："丙辰中秋，欢饮达旦，大醉，作此篇，兼怀子由。"当时苏轼在密州（今山东诸城）做太守，中秋之夜他一边赏月一边饮酒，直到天亮，于是作了这首《水调歌头》。

此词上片望月。一开始就提出一个问题：明月是从什么时候开始有的？令人遐思。"把酒问青天。"把酒问天这一细节与屈原的《天问》和李白的《把酒问月》有相似之处，均表现出因失意怅惘的郁勃意绪，词人外放已久，对前途愈感迷惘。接下来两句："不知天上宫阙，今夕是何年。"把对于明月的赞美与向往之情更推进了一层，也激发起作者的好奇心。于是"我欲乘风归去"，但接下来两句急转直下，"又恐琼楼玉宇，高处不胜寒"，天上的"琼楼玉宇"虽然富丽堂皇，美好非凡，但那里高寒难耐，不可久居。词人故意找出天上的美中不足，来坚定自己留在人间的决心。一正一反，更表露出词人对人间生活的热爱。"起舞弄清影，何似在人间！"与其飞往高寒的月宫，还不如留在人间趁着月光起舞呢！此片句句写月，但语带双关，反映作者对朝廷既向往又回避的矛盾心态。

下片怀人，即兼怀子由。"转朱阁，低绮户，照无眠。""无眠"反映了词人怀念弟弟的手足深情，词人睡不着觉，开始迁怒于明月："明月您总不该有什么怨恨吧，为什么老是在人们离别的时候才圆呢？"但作者毕竟是豁达的，笔锋一转，说出了一番宽慰的话来为明月开脱："人固然有悲欢离合，月也有阴晴圆缺。她有被乌云遮住的时候，有亏损残缺的时候，她也有她的遗憾，自古以来世上就难有十全十美的事。"很有哲理意味。词的最后说："但愿人长久，千里共婵娟。""婵娟"是美好的样子，这里指嫦娥，也就是代指明月。这两句并非一般的自慰和共勉，而是表现了作者处理时间、空间以及人生这样一些重大问题所持的态度，充分显示出词人精神境界的丰富博大。

全词以月起兴，以与弟苏辙七年未见之情为基础，围绕中秋明月展开想象和思考，把人世间的悲欢离合之情纳入对宇宙人生的哲理性追寻之中，反映了作者复杂而矛盾的思想感情，又表现出作者热爱生活与积极向上的乐观精神。

【词林撷翠】

水调歌头·昵昵儿女语 ［宋］苏轼

昵昵儿女语，灯火夜微明。恩怨尔汝来去，弹指泪和声。忽变轩昂勇士，一鼓填然作气，千里不留行。回首暮云远，飞絮搅青冥。

众禽里，真彩凤，独不鸣。跻攀寸步千险，一落百寻轻。烦子指间风雨，置我肠中冰炭，起坐不能平。推手从归去，无泪与君倾。

水调歌头·长恨复长恨 ［南宋］辛弃疾

壬子三山被召，陈端仁给事饮饯席上作。

长恨复长恨，裁作短歌行。何人为我楚舞，听我楚狂声？余既滋兰九畹，又树蕙之百亩，秋菊更餐英。门外沧浪水，可以濯吾缨。

一杯酒，问何似，身后名？人间万事，毫发常重泰山轻。悲莫悲生离别，乐莫乐新相识，儿女古今情。富贵非吾事，归与白鸥盟。

水调歌头·送章德茂大卿使虏 ［南宋］陈亮

不见南师久，漫说北群空。当场只手，毕竟还我万夫雄。自笑堂堂汉使，得似洋洋河水，依旧只流东？且复穹庐拜，会向藁街逢！

尧之都，舜之壤，禹之封。于中应有，一个半个耻臣戎！万里腥膻如许，千古英灵安在，磅礴几时通？胡运何须问，赫日自当中！

【雏凤清音】

水调歌头·雪 李剑章

二〇一〇年夏，时高考已毕，闲居无事，夜梦大雪飘飘，纷然而至。既醒，遂抄袭百家之词，生吞活剥，乃赋成之。不求其远播于后世，唯愿其速朽于今朝，以博得诸君一笑也。

万里彤云厚，飞絮搅长空。原野驱驰蜡象，山上舞银龙。我欲绝尘归去，直上无垠天际，云顶望长虹。但恐征途远，万里有谁通。

鸟声绝，人迹灭，渺无踪。唯观四野苍莽，又似洒飞琼。堪羡皑皑冰雪，漂白茫茫大地，造化瞬时功。愿作霞千缕，尽染世间红。

八、水龙吟［shuǐ lóng yín］

【词牌名片】

词牌名出自李白诗句“笛奏龙吟水”。一说出自唐李贺“雌龙怨吟寒水光”诗句。此调首见于北宋柳永咏梅之作。别名“龙吟曲”“庄椿岁”“鼓笛慢”“小楼连苑”“海天阔处”“丰年瑞”。双调，102字。上片和下片各十一句。上片第二、五、八、十一句和下片第一、二、五、八、十一句押韵，均用仄声韵。上下片第九句都用一字豆。此调气势雄浑，宜用以抒写激奋情思。

水龙吟	登建康赏心亭 ［南宋］辛弃疾
仄平中仄平平，	楚天千里清秋，
中平中仄平平仄。	水随天去秋无际。
中平仄仄，	遥岑远目，
中平中仄，	献愁供恨，
中平中仄。	玉簪螺髻。
中仄平平，	落日楼头，
中平中仄，	断鸿声里，
中平平仄。	江南游子。
㊀中平中仄，	把吴钩看了，

中平中仄，	栏杆拍遍，
中平仄、平平**仄**。	无人会，登临**意**。
中仄中平中**仄**（增韵），	休说鲈鱼堪**脍**，
仄平平、中平平**仄**。	尽西风、季鹰归**未**？
中平中仄，	求田问舍，
中平平仄，	怕应羞见，
中平平**仄**。	刘郎才**气**。
中仄平平，	可惜流年，
中平中仄，	忧愁风雨，
中平平**仄**。	树犹如**此**！
㊀平平仄仄，	倩何人唤取，
中平中仄，	红巾翠袖，
仄平平**仄**。	揾英雄**泪**。

【经典鉴赏】

注释：

（1）建康：今江苏南京。赏心亭：在建康城西，下临秦淮，为观赏胜地。（2）遥岑（cén）：远山。（3）玉簪（zān）螺髻（jì）：玉簪、螺髻：玉做的簪子，像海螺形状的发髻，这里比喻高矮和形状各不相同的山岭。（4）断鸿：失群的孤雁。（5）吴钩：古代吴地制造的一种宝刀。这里应该是以吴钩自喻，空有一身才华，但是得不到重用。（6）“鲈鱼堪脍”三句：《世说新语·识鉴篇》记载，张翰在洛阳做官，在秋季西风起时，想到家乡莼菜羹和鲈鱼脍的美味，便立即辞官回乡。后来的文人将思念家乡称为莼鲈之思。季鹰：张翰，字季鹰。（7）求田问舍：置地买房。刘郎：刘备。才气：胸怀、气魄。（8）流年：流逝的时光。（9）忧愁风雨：风雨，比喻飘摇的国势。化用宋苏轼《满庭芳》：“百年里，浑教是醉，三万六千场。思量，能几许，忧愁风雨，一半相妨。”（10）树犹如此：出自《世说新语·言语》。“桓公北征经金城，见前为琅琊时种柳，皆已十围，慨然曰：‘木犹如此，人何以堪！’攀枝执条，泫然流泪。”此处抒发自己不能抗击敌人、收复失地而虚度时光的感慨。（11）倩（qìng）：请托。（12）红巾翠袖：女子装饰，代指女子。揾（wèn）：擦拭。

译文：

辽阔的南国秋空千里冷落凄凉，江水随天空流去，秋天更无边无际。极目遥望远处的山岭，只引起我对国土沦落的忧愁和愤恨，还有那群山像女人头上的玉簪和螺髻。西下的太阳斜照着这楼头，在长空远飞离群孤雁的悲鸣声里，还有我这流落江南的思乡游子。我看着这宝刀，狠狠地把楼上的栏杆都拍遍了，也没有人领会我现在登楼的心意。

别说鲈鱼切碎了能烹成佳肴美味，西风吹遍了，不知张季鹰已经回来了没？像只为自己购置田地房产的许汜，应怕惭愧去见才气双全的刘备。可惜时光如流水一般过去，我真担心着风雨飘荡中的国家，真像桓温所说树也已经长得这么大了！叫谁去请那些披红着绿的歌女，来为我擦掉英雄失意的眼泪！

赏析：

这首词是作者在建康通判任上所作。

上片大段写景：由水写到山，由无情之景写到有情之景，很有层次。开头“楚天千里清秋，水随天去秋无际”两句，是作者在赏心亭上极目所见。楚天千里，辽远空阔，天水交融，秋色无边。气象阔大，笔力遒劲。“遥岑远目，献愁供恨，玉簪螺髻”三句，是写山。举目远眺，那层层叠叠的远山，有的很像美人头上插戴的玉簪，有的很像美人头上螺旋形的发髻，景色算得上美景，但只能引起词人的忧愁和愤恨。“落日楼头，断鸿声里，江南游子”三句，虽然仍是写景，但无一语不是寓情。“落日”喻南宋国势衰颓。“断鸿”喻自己这个“江南游子”飘零的身世和孤寂的心境。辛弃疾渡江淮归南宋，原是以南宋为自己的故国，但南宋统治集团根本无北上收复失地之意，对辛弃疾一直采取猜忌排挤的态度，致使辛弃疾觉得他在江南真的成了游子了。激愤的作者不禁有了两个动作：第一个动作是“把吴钩看了”，“吴钩”本应在战场上杀敌，但却闲置身旁，只作赏玩，无处用武，这就把作者虽有沙场立功的雄心壮志，却是英雄无用武之地的苦闷也烘托出来了；第二个动作“栏杆拍遍”。栏杆拍遍是胸中有说不出来的抑郁苦闷之气，借拍打栏杆来发泄。“无人会、登临意”，慨叹自己空有恢复中原的抱负，而南宋统治集团中没有人是他的知音。

下片直接言志。“休说鲈鱼堪脍，尽西风、季鹰归未？”这里引用了一个与晋朝张翰有关的典故，深秋时令又到了，连大雁都知道寻踪飞回旧地，不必说他这个漂泊江南的游子了。然而他的家乡如今还在金人统治之下，南宋朝廷却偏安一隅，他想回到故乡，谈何容易。“求田问舍，怕应羞见，刘郎才气”也用了一个典故。许汜（sì）曾向刘备抱怨陈登看不起他，刘备批评许汜在国家危难之际只知置地买房，表达作者不愿学求田问舍的许汜，而有“匈奴未灭，何以为家”的志向。“可惜流年，忧愁风雨，树犹如此”，词人所忧惧的，只是国事飘摇，时光流逝，北伐无期，恢复中原的夙愿不能实现。年岁渐增，恐再闲置便再无力为国效命疆场了。这三句，是全首词的核心。到这里，作者的感情经过层层推进已经发展到最高潮。“倩何人，唤取红巾翠袖，揾英雄泪。”这三句是写辛弃疾自伤抱负不能实现，世无知己，得不到同情与慰藉。这与上片“无人会、登临意”义近而相呼应。

全词通过写景和联想抒写了作者恢复中原国土，统一祖国的抱负和愿望无法实现的失意的感慨，深刻揭示了英雄志士有志难酬、报国无门、抑郁悲愤的苦闷心情，极大地表现了词人诚挚无私的爱国情怀。

【词林撷翠】

水龙吟·次韵章质夫杨花词 ［宋］苏轼

似花还似非花，也无人惜从教坠。抛家傍路，思量却是，无情有思。萦损柔肠，困酣娇眼，欲开还闭。梦随风万里，寻郎去处，又还被莺呼起。

不恨此花飞尽，恨西园落红难缀。晓来雨过，遗踪何在？一池萍碎。春色三分，二分尘土，一分流水。细看来，不是杨花，点点是离人泪。

水龙吟·小楼连苑横空 ［宋］秦观

小楼连苑横空，下窥绣毂雕鞍骤。朱帘半卷，单衣初试，清明时候。破暖轻风，弄晴微雨，欲无还有。卖花声过尽，斜阳院落；红成阵，飞鸳甃。

玉佩丁东别后。怅佳期、参差难又。名韁利锁，天还知道，和天也瘦。花下重门，柳边深巷，不堪回首。念多情、但有当时皓月，向人依旧。

水龙吟·过南剑双溪楼 ［南宋］辛弃疾

举头西北浮云，倚天万里须长剑。人言此地，夜深长见，斗牛光焰。我觉山高，潭空水冷，月明星淡。待燃犀下看，凭栏却怕，风雷怒，鱼龙惨。

峡束苍江对起，过危楼，欲飞还敛。元龙老矣！不妨高卧，冰壶凉簟。千古兴亡，百年悲笑，一时登览。问何人又卸，片帆沙岸，系斜阳缆？

水龙吟·甲辰岁寿韩南涧尚书 ［南宋］辛弃疾

渡江天马南来，几人真是经纶手？长安父老，新亭风景，可怜依旧。夷甫诸人，神州沉陆，几曾回首！算平戎万里，功名本是，真儒事，公知否？

况有文章山斗，对桐阴、满庭清昼。当年堕地，而今试看，风云奔走。绿野风烟，平泉林木，东山歌酒。待他年，整顿乾坤事了，为先生寿。

水龙吟·春恨 ［南宋］陈亮

闹花深处层楼，画帘半卷东风软。春归翠陌，平莎茸嫩，垂杨金浅。迟日催花，淡云阁雨，轻寒轻暖。恨芳菲世界，游人未赏，都付与、莺和燕。

寂寞凭高念远，向南楼、一声归雁。金钗斗草，青丝勒马，风流云散。罗绶分香，翠绡封泪，几多幽怨！正消魂又是，疏烟淡月，子规声断。

水龙吟·夜深客子移舟处 ［宋］姜夔

夜深客子移舟处，两两沙禽惊起。红衣入桨，青灯摇浪，微凉意思。把酒临风，不思归去，有如此水。况茂陵游倦，长干望久，芳心事、箫声里。

屈指归期尚未。鹊南飞、有人应喜。画阑桂子，留香小待，提携影底。我已情多，十年幽梦，略曾如此。甚谢郎、也恨飘零，解道月明千里。

水龙吟·间情小院沈吟 ［南宋］黄孝迈

间情小院沈吟，草深柳密帘空翠。风檐夜响，残灯慵剔，寒轻怯睡。店舍无烟，关山有月，梨花满地。二十年好梦，不曾圆合，而今老、都休矣。

谁共题诗秉烛，两厌厌、天涯别袂。柔肠一寸，七分是恨，三分是泪。芳信不来，玉箫尘染，粉衣香退。待问春，怎把千红换得，一池绿水。

九、望海潮［wàng hǎi cháo］

【词牌名片】

本调始见宋柳永《乐章集》。调名当是以钱塘（今杭州）作为观潮胜地而取其意。（《钱塘遗事》《青泥莲花记》均有载）。一说望潮是指海中蟹属，潮欲来，举螯如望。初为咏望潮而得名。双调，107字。上片五平韵，下片六平韵，一韵到底。亦有于过片（下片的起句）二字增一韵者。上下片第

四、五句例用对偶。

望海潮

平平平仄，
平平中仄，
平平仄仄平平。
平仄仄平，
平平仄仄，
平平仄仄平平。
平仄仄平平。
仄平仄平仄，
平仄平平。
仄仄平平，
仄平平仄仄平平。

平平仄仄平平（增韵）。
仄平平仄仄，
中仄平平。
平仄仄平，
平平仄仄，
平平仄仄平平。
平仄仄平平。
仄仄平中仄，
平仄平平。
中仄平平仄仄，
平仄仄平平。

东南形胜 ［宋］柳永

东南形胜，
三吴都会，
钱塘自古繁**华**。
烟柳画桥，
风帘翠幕，
参差十万人**家**。
云树绕堤**沙**。
怒涛卷霜雪，
天堑无**涯**。
市列珠玑，
户盈罗绮、竞豪**奢**。

重湖叠巘清**嘉**。
有三秋桂子，
十里荷**花**。
羌管弄晴，
菱歌泛夜，
嬉嬉钓叟莲**娃**。
千骑拥高**牙**。
乘醉听箫鼓，
吟赏烟**霞**。
异日图将好景，
归去凤池**夸**。

【经典鉴赏】

注释：

（1）三吴：即吴兴（今浙江省湖州市）、吴郡（今江苏省苏州市）、会稽（今浙江省绍兴市）三郡，在这里泛指今江苏南部和浙江的部分地区。（2）钱塘：即今浙江杭州，古时候的吴国的一个郡。（3）翠幕：青绿色的帷幕。（4）云树：树木如云，极言其多。怒涛卷霜雪：又高又急的潮头冲过来，浪花像霜雪在滚动。（5）重湖：以白堤为界，西湖分为里湖和外湖，所以也叫重湖。巘（yǎn）：大山上之小山。叠巘：层层叠叠的山峦。此指西湖周围的山。巘：小山峰。清嘉：清秀佳丽。（6）三秋：指秋季第三月，即农历九月。（7）菱歌泛夜：采菱夜归的船上一片歌声。菱：菱角。泛：漂流。（8）高牙：高纛之牙旗。牙旗，将军之旌，竿上以象牙饰之，故云牙旗。这里指高官孙何。吟赏烟霞：歌咏和观赏湖光山色。烟霞：此指山水林泉等自然景色。（9）异日图将好景：有朝一日把这番景致描绘出来。异日：他日，指日后。图：描绘。凤池：全称凤凰池，原指皇宫禁苑中的池沼。此处指朝廷。

译文：

杭州地理位置重要，风景优美，是三吴的都会。这里自古以来就十分繁华。如烟的柳树、彩绘的桥梁，挡风的帘子、翠绿的帐幕，楼阁高高低低，大约有十万户人家。高耸入云的大树环绕着钱塘江沙堤，澎湃的潮水卷起霜雪一样白的浪花，宽广的江面一望无涯。市场上陈列着琳琅满目的珠玉珍宝，家家户户都存满了绫罗绸缎，争相比奢华。

里湖、外湖与重重叠叠的山岭非常清秀美丽。秋天桂花飘香，夏季十里荷花。晴天欢快地吹奏羌笛，夜晚划船采菱唱歌，钓鱼的老翁、采莲的姑娘都嬉笑欢颜。千名骑兵簇拥着巡察归来的长官。在微醺中听着箫鼓管弦，吟诗作词，赞赏着美丽的水色山光。他日把这美好的景致描绘出来，回京升官时向朝中的人们夸耀。

赏析：

此词主要描写杭州的富庶与美丽。

上片描写杭州的自然风光和都市的繁华。一开头即以鸟瞰式镜头摄下杭州全貌。它点出杭州位置的重要、历史的悠久，揭示出所咏主题。三吴，旧指吴兴、吴郡、会稽。钱塘，即杭州。此处称“三吴都会”，极言其为东南一带、三吴地区的重要都市。其中“形胜”“繁华”四字为点睛之笔。自“烟柳”以下，便从各个方面描写杭州之形胜与繁华。“烟柳画桥”，写街巷河桥的美丽；“风帘翠幕”，写居民住宅的雅致；“参差十万人家”一句，表现出整个都市户口的繁庶。“云树”三句，由市内说到郊外，只见钱塘江堤上，行行树木，远远望去，郁郁苍苍，犹如云雾一般。“市列”三句，只抓住“珠玑”和“罗绮”两个细节，便把市场的繁荣、市民的殷富反映出来。

下片重点描写西湖。重湖，是指西湖中的白堤将湖面分割成的里湖和外湖。叠山，是指灵隐山、南屏山、慧日峰等重重叠叠的山岭。湖山之美，词人先用“清嘉”二字概括，接下去写山上的桂子、湖中的荷花。这两种花也是代表杭州的典型景物。“羌管弄晴，菱歌泛夜”，对仗也很工稳，情韵亦自悠扬。“泛夜”“弄情”，互文见义，说明不论白天或是夜晚，湖面上都荡漾着优美的笛曲和采菱的歌声。“嬉嬉钓叟莲娃”，是说吹羌笛的渔翁，唱菱歌的采莲姑娘都很快乐。接着词人写达官贵人此游乐的场景。成群的马队簇拥着高高的牙旗，缓缓而来，一派喧赫声势，仿佛令人看到一位威武而又风流的地方长官，饮酒赏乐，啸傲于山水之间。“异日图将好景，归去凤池夸。”意谓当达官贵人们召还之日，合将好景画成图本，献与朝廷，夸示于同僚，谓世间真存如此一人间仙境。以达官贵人的不思离去，烘托出西湖之美。

【词林撷翠】

望海潮·洛阳怀古　［宋］秦观

梅英疏淡，冰澌溶泄，东风暗换年华。金谷俊游，铜驼巷陌，新晴细履平沙。长记误随车。正絮翻蝶舞，芳思交加。柳下桃蹊，乱分春色到人家。

西园夜饮鸣笳。有华灯碍月，飞盖妨花。兰苑未空，行人渐老，重来是事堪嗟！烟暝酒旗斜。但倚楼极目，时见栖鸦。无奈归心，暗随流水到天涯。

望海潮·梅天雨歇　［宋］黄岩叟

梅天雨歇，柳堤风定，江浮画鹢纵横。瀛女弄箫，冯夷伐鼓，云间凤咽鼍鸣。波面走长鲸。卷怒涛来往，搅碎沧溟。两岸游人笑语，罗绮间簪缨。

灵均逝魄无凭。但湘沅一水，到底澄清。菰黍万家，丝桐五彩，年年吊古深情。锦帜片霞明。使操舟妙手，翻动心旌。向晚鱼龙戏罢，千里浪花平。

望海潮·献张六太尉　［金］邓千江

云雷天堑，金汤地险，名藩自古皋兰。营屯绣错，山形米聚，喉襟百二秦关。鏖战血犹殷。见阵云冷落，时有雕盘。静塞楼头晓月，依旧玉弓弯。

看看，定远西还。有元戎阃命，上将斋坛。区脱昼空，兜零夕举，甘泉又报平安。吹笛虎牙间。且宴陪珠履，歌按云鬟。招取英灵毅魄，长绕贺兰山。

望海潮·人间花老 ［宋］晁补之

人间花老，天涯春去，扬州别是风光。红药万株，佳名千种，天然浩态狂香。尊贵御衣黄。未便教西洛，独占花王。困倚东风，汉宫谁敢斗新妆。

年年高会维阳。看家夸绝艳，人诧奇芳。结蕊当屏，联葩就幄，红遮绿绕华堂。花百映交相。更秉菅观洧，幽意难忘。罢酒风亭，梦魂惊恐在仙乡。

望海潮·癸卯冬为建守赵季西赋碧云楼 ［宋］张元干

苍山烟淡，寒溪风定，玉簪罗带绸缪。轻霭暮飞，青冥远净，珠星璧月光浮。城际踊层楼。正翠帘高卷，绿琐低钩。影落尊罍，气和歌管共清游。

史君冠世风流。拥香鬟凭槛，雾鬓凝眸。银烛暖宵，花光照席，谯门莫报更筹。逸兴醉无休。赋探梅芳信，翻曲新讴。想见疏枝冷蕊，春意到沙洲。

【雏凤清音】

望海潮·沙场醉 栾雨薇

布阵疆场，驰骋灰飞，铁马金戈洒洒。寂寥无语，仰天长啸，舞剑交戟长铩。朔风卷黄沙，万里埋铮骨，峥嵘年华。琵琶弦急，楚词缭绕，歌催发。

浮云流水落花，梦阡陌炊烟，浩渺人家。遍地芳草，千秋功业，却念梦植桑麻。田间牧耕牛，傍溪浣轻沙，风景如画。征战浴血将归时，秋色映晚霞。

十、永遇乐［yǒng yù lè］

【词牌名片】

本词有平韵、仄韵两体。仄韵体始于柳永，又名“消息”；平韵体始于南宋。毛氏《填词名解》云：“永遇乐歇拍调也。唐杜秘书工小词，邻家有小女名酥香，凡才人歌曲悉能吟讽，尤喜杜词，遂成逾墙之好。后为仆所诉，杜竟流河朔。临行，述《永遇乐》词决别，女持纸三唱而死。第未知此调创自杜与否。”所引故事不可考，按此说则该调应创自唐之中叶。双调，104字。上下片各十一句，其第三、六、九、十一句押韵，均用仄声韵，首、次句宜用四字对句，不用韵，第四五句亦宜用四字对句。

永遇乐

平仄平平，
中平平仄，
平仄平**仄**。
仄仄平平，
平平仄仄，
仄仄平平**仄**。
中平中仄，
平平仄仄，
中仄仄平平**仄**。
仄平平、平平中仄，
仄平中中平**仄**。

平平仄仄，
平平平仄，
中仄中平中**仄**。
仄仄平平，
中平平仄，
平仄平平**仄**。
仄平平仄，
中平中仄，
中仄中平中**仄**。
中平仄、平平仄仄，
仄平仄**仄**。

京口北固亭怀古 ［南宋］辛弃疾

千古江山，
英雄无觅，
孙仲谋**处**。
舞榭歌台，
风流总被，
雨打风吹**去**。
斜阳草树，
寻常巷陌，
人道寄奴曾**住**。
想当年金戈铁马，
气吞万里如**虎**。

元嘉草草，
封狼居胥，
赢得仓皇北**顾**。
四十三年，
望中犹记，
烽火扬州**路**。
可堪回首，
佛狸祠下，
一片神鸦社**鼓**。
凭谁问，廉颇老矣，
尚能饭**否**？

【经典鉴赏】

注释：

（1）京口：古城名，即今江苏镇江。因临京岘山、长江口而得名。（2）孙仲谋：三国时的吴王孙权，字仲谋，曾建都京口。（3）舞榭歌台：演出歌舞的台榭，这里代指孙权故宫。榭，建在高台上的房子。（4）寻常巷陌：极窄狭的街道。寻常，古代指长度，八尺为寻，倍寻为常，形容窄狭。引申为普通、平常。巷、陌，这里都指街道。（5）寄奴：南朝宋武帝刘裕小名。（6）“想当年”三句：刘裕曾两次领兵北伐，收复洛阳、长安等地。金戈，用金属制成的长枪。铁马，披着铁甲的战马。都是当时精良的军事装备。这里指代精锐的部队。（7）元嘉草草：元嘉是刘裕子刘义隆年号。草草：轻率。南朝宋刘义隆好大喜功，仓促北伐，反而让北魏主拓跋焘抓住机会，以骑兵集团南下，兵抵长江北岸而返，遭到对手的重创。（8）封狼居胥：狼居胥山，在内蒙古自治区西北部。汉武帝元狩四年（前119年）霍去病远征匈奴，歼敌七万余，于是“封狼居胥山，禅于姑衍”。积土为坛于山上，祭天曰封，祭地曰禅，古时用这个方法庆祝胜利。南朝宋文帝刘义隆命王玄谟北伐，玄谟陈说北伐的策略，文帝说：“闻王玄谟陈说，使人有封狼居胥意。”词中用“元嘉北伐”失利事，以影射南宋“隆兴北伐”。（9）赢得仓皇北顾：即赢得仓皇与北顾。宋文帝刘义隆命王玄谟率师北伐，为北魏太武帝拓跋焘击败，魏趁机大举南侵，直抵扬州，吓得宋文帝亲自登上建康幕府山向北观望形势。赢得，剩得，落得。（10）四十三年：作者于宋高宗赵构绍兴三十二年（1162年），从北方抗金南归，至宋宁宗赵扩开禧元年（1205年），任镇江知府登北固亭写这首词时，前后共43年。（11）烽火扬州路：指当年扬州地区，到处都是抗击金兵南侵的战火烽烟。路，宋朝时的行政区划，扬州属淮南东路。（12）可堪：表面意为可以忍受得了，实则犹“岂堪”“那堪”，即怎能忍受得了。堪，忍受。（13）佛（bì）狸祠：北魏太武帝拓跋焘小名佛狸。公元450年，他曾反击刘宋，两个月的时间里，兵锋南下，五路远征军分道并进，从黄河北岸一路穿插到长江北岸。在长江北岸瓜步山建立行宫，即后来的佛狸祠。（14）神鸦：指在庙里吃祭品的乌鸦。社鼓：祭祀时的鼓声。整句话的意思是，到了南宋时期，当地老百姓只把佛狸祠当作供奉神祇的地方，而不知道它过去曾是一个皇帝的行宫。（15）廉颇：战国时赵国名将。《史记·廉颇蔺相如列传》记载，廉颇被免职后，跑到魏国，赵王想再用他，派人去看他的身体情况，廉颇之仇郭开贿赂使者，使者看到廉颇，廉颇为之米饭一斗，肉十斤，被甲上马，以示尚可用。使者回来报告赵王说：“廉颇将军虽老，尚善饭，然与臣坐，顷之三遗矢（通假字，即屎）矣。”赵王以为廉颇已老，遂不用。

译文：

历经千古的江山，再也难找到像孙权那样的英雄。当年的舞榭歌台还在，英雄人物却随着岁月的流逝早已不复存在。斜阳照着长满草树的普通小巷，人们说那是当年刘裕曾经住过的地方。回想当年，他领军北伐、收复失地的时候是何等威猛！

然而刘裕的儿子刘义隆好大喜功，仓促北伐，却反而让北魏太武帝拓跋焘乘机挥师南下，兵抵长江北岸而返，遭到对手的重创。我回到南方已经有四十三年了，遥望中原仍然记得扬州一带烽火连天的战乱场景。怎么能回首啊，当年拓跋焘的行宫外竟有百姓在那里祭祀，乌鸦啄食祭品，人们过着社日，只把他当作一位神祇来供奉，而不知道这里曾是一个皇帝的行宫。还有谁会问，廉颇老了，饭量还好吗？

赏析：

《永遇乐·京口北固亭怀古》写于宋宁宗开禧元年（1205年），辛弃疾66岁。当时韩侂胄执政，正筹划北伐，但韩轻敌冒进，令辛弃疾忧心忡忡，一次他来到京口北固亭，登高眺望，怀古忆昔，心潮澎湃，于是写下了这首词。

词以“京口北固亭怀古”为题。京口是三国时吴大帝孙权设置的重镇，并一度为都城，也是南朝宋武帝刘裕生长的地方。面对锦绣江山，缅怀历史上的英雄人物，正是像辛弃疾这样的志士登临应有之情，题中应有之意，词正是从这里着笔的。

上片怀古抒情。第一、二句中，“千古”是时代感，照应题目“怀古”，“江山”是现实感，照应题目“京口北固亭”。作者站在北固亭上瞭望眼前的一片江山，脑子里一一闪过千百年来曾经在这片土地上叱咤风云的英雄人物。他首先想到三国时吴国的皇帝孙权，可是如今，像孙权这样的英雄已无处寻觅的了。而且连他当年修建的“舞榭歌台”，那些反映他光辉功业的遗物，也都被“雨打风吹去”，杳无踪迹了。下三句写眼前景，词人联想起与京口有关的第二个历史人物刘裕。然后在最后两句回忆刘裕的功业，非常钦佩。

下片通过典故所揭示的历史意义和现实感慨，意深而味隐。“元嘉草草”三句，指南朝宋文帝刘义隆在元嘉二十七年（450年），听取彭城太守王玄谟陈北伐之策，非常激动，说：“闻玄谟陈说，使人有封狼居胥意。”“有封狼居胥意”谓有北伐必胜的信心。因此急于事功，轻启兵端，结果不仅没有得到预期的胜利，反而招致北魏拓跋焘大举南侵，弄得国势一蹶而不振了。作者援用古事近事影射现实，尖锐地提醒南宋统治者吸取前人和自己的历史教训。从“四十三年，望中犹记，烽火扬州路”开始，词由怀古转入伤今，作者回忆43年前北方人民反抗异族统治的斗争此起彼伏，自己也在战火弥漫的扬州以北地区参加抗金斗争。下三句中的佛狸是指北魏的皇帝，距南宋已有七八百年之久，北方的百姓把他当作神来供奉，在这里，辛弃疾是用“佛狸”代指金主完颜亮。43年前，完颜亮发兵南侵，曾驻扎在佛狸祠所在的瓜步山。作者痛感如今的中原早已风平浪静，沦陷区的人民已经安于异族的统治，竟至于对异族君主顶礼膜拜。最后作者以廉颇自比，一是表白决心，和廉颇当年服事赵国一样，自己对朝廷忠心耿耿，只要起用，随时奔赴疆场，抗金杀敌。二是显示能力，自己虽然年老，但仍然和当年廉颇一样，勇武不减当年；三是抒写忧虑。廉颇曾为赵国立下赫赫战功，可为奸人所害，报国无门，词人以廉颇自况，忧心自己也有可能遭朝廷弃用，或用而不信，才能无法施展，壮志不能实现。

【词林撷翠】

永遇乐·彭城夜宿燕子楼 ［宋］苏轼

明月如霜，好风如水，清景无限。曲港跳鱼，圆荷泻露，寂寞无人见。紞如三鼓，铿然一叶，黯黯梦云惊断。夜茫茫，重寻无处，觉来小园行遍。

天涯倦客，山中归路，望断故园心眼，燕子楼空，佳人何在，空锁楼中燕。古今如梦，何曾梦觉，但有旧欢新怨。异时对黄楼夜景，为余浩叹！

永遇乐·长忆别时 ［宋］苏轼

长忆别时，景疏楼上，明月如水。美酒清歌，留连不住，月随人千里。别来三度，孤光又满，冷落共谁同醉？卷珠帘、凄然顾影，共伊到明无寐。

今朝有客，来从濉上，能道使君深意。凭仗清淮，分明到海，中有相思泪。而今何在？西垣清禁，夜永露华侵被。此时看、回廊晓月，也应暗记。

永遇乐·落日熔金 ［宋］李清照

落日熔金，暮云合璧，人在何处？染柳烟浓，吹梅笛怨，春意知几许？元宵佳节，融和天气，次第岂无风雨？来相召，香车宝马，谢他诗朋酒侣。

中州盛日，闺门多暇，记得偏重三五。铺翠冠儿，捻金雪柳，簇带争济楚。如今憔悴，风鬟霜鬓，怕见夜间出去。不如向、帘儿底下，听人笑语。

永遇乐·璧月初晴　［南宋］刘辰翁

璧月初晴，黛云远淡，春事谁主？禁苑娇寒，湖堤倦暖，前度遽如许。香尘暗陌，华灯明昼，长是懒携手去。谁知道，断烟禁夜，满城似愁风雨。

宣和旧日，临安南渡，芳景犹自如故。缃帙流离，风鬟三五，能赋词最苦。江南无路，鄜州今夜，此苦又谁知否？空相对、残钮无寐，满村社鼓。

永遇乐·为张安国赋　［南宋］韩元吉

池馆春归，帘栊昼静，清漏移箭。山下孤城，水边翠竹，鶗鴂声千转。记得年时，绮窗人去，尚有唾茸遗线。照珠筵、歌檀舞扇，寂寞旧家排遍。

青云赋客，多情多病，西掖桐阴满院。飞絮随风，马头月在，翡翠帷空卷。平湖烟远，斜桥雨暗，欲寄短书双燕。算犹忆、兰房画烛，醉时共翦。

【雏凤清音】

永遇乐·次韵稼轩赋雪梅　顾承学

独立苍茫，纵横斗转，孤鹜长绝。醉漾轻舟，寒江钓雪，烟冷流霜白。华颠喟叹，苍颜衰晚，漏断那堪听得。水流天，声悲影茕，醉笏啸咏风格。

瑶琴独抱，横膝心事，空响离徽抚额。费尽丹青，凭谁妙笔，难写当年月。空蒙花月，凄迷如此，满座怅怀行色。飘零久，残英将谢，灞桥忆雪。

十一、雨霖铃［yǔ lín líng］

【词牌名片】

“雨霖铃”也写作“雨淋铃”，又称“雨霖铃慢”。唐教坊曲，相传马嵬兵变后，杨贵妃被赐缢死，在平定叛乱之后，玄宗北还，一路凄雨沥沥，风雨吹打皇銮的金铃上，玄宗因悼念杨贵妃而作此曲。《碧鸡漫志》卷五引《明皇杂录》及《杨妃外传》云：“明皇既幸蜀，西南行，初入斜谷，霖雨弥旬，于栈道雨中闻铃，音与山相应。上既悼念贵妃，采其声为《雨霖铃》曲，以寄恨焉。时梨园弟子惟张野狐一人，善筚篥，因吹之，遂传于世。”这也就是词牌“雨霖铃”的由来。曲调自身就具有哀伤的成分。《漫志》又称：“今双调‘雨淋铃慢’，颇极哀怨，真本曲遗声。”双调，103字。上片十句，第一、三、六、八、十句押韵；下片九句，第一、二、五、七、九句押韵，均用仄声韵，例用入声部韵。上片第二、五句是上一、下三句式，第八句是上一、下四句式，第一字宜用去声。

雨霖铃

平平平仄。
仄平平仄，
仄仄平仄。
平平仄仄平仄，
平平仄仄，
平平平仄。
仄仄平平仄仄，
仄平仄平仄。
仄仄仄、平仄平平，
仄仄平平仄平仄。

平平仄仄平平仄，
仄平平、仄仄平平仄。
平平仄仄平仄，
平仄仄，
仄平平仄。
仄仄平平，
平仄、平平仄仄平仄。
仄仄仄、平仄平平，
仄仄平平仄。

寒蝉凄切 ［宋］柳永

寒蝉凄切，
对长亭晚，
骤雨初歇。
都门帐饮无绪，
方留恋处，
兰舟催发。
执手相看泪眼，
竟无语凝噎。
念去去、千里烟波，
暮霭沉沉楚天阔。

多情自古伤离别，
更那堪冷落清秋节！
今宵酒醒何处？
杨柳岸，
晓风残月。
此去经年，
应是良辰好景虚设。
便纵有千种风情，
更与何人说？

【经典鉴赏】

注释：

（1）对长亭晚：面对长亭，正是傍晚时分。长亭：古代供远行者休息的地方。（2）凄切：凄凉急促。（3）骤雨：急猛的阵雨。（4）都门帐饮：在京都郊外搭起帐幕设宴饯行。都门：京城门外。（5）兰舟：据《述异记》载，鲁班曾刻木兰树为舟。后用作船的美称。（6）凝噎：悲痛气塞，说不出话来。即是“凝咽”。（7）去去：重复言之，表示行程之远。烟波：水雾迷茫的样子。（8）暮霭（ǎi）：傍晚的云气。沉沉：深厚的样子。（9）楚天：战国时期楚国据有南方大片土地，所以古人泛称南方的天空为楚天。（10）清秋节：萧瑟冷落的秋季。（11）经年：经过一年或多年，此指年复一年。（12）千种风情：形容说不尽的相爱、相思之情，风情：情意。（13）无绪：没有心思，心情不好。（14）纵：纵然，即使。（15）那堪：怎能承受。

译文：

秋蝉叫得是那样凄凉而又悲切，面对着长亭，正是傍晚时分，一阵急雨刚停住。在京都城外设帐饯别，却没有畅饮的心绪，正在依依不舍的时候，船上的人已催着出发。握着手互相瞧着，满眼泪花，直到最后也无言相对，千言万语都噎在喉间说不出来。想到这回去南方，这一程又一程，千里迢迢，一片烟波，那夜雾沉沉的楚地天空竟是一望无边。

自古以来多情的人最伤心的是离别，更何况又逢这萧瑟冷落的秋季！谁知我今夜酒醒时身在何处？怕是只有杨柳岸边，面对凄厉的晨风和黎明的残月了。这一去长年相别，虽有良辰美景也定该只是虚设。即使有满腹的情意，又能向何人诉说自己的心声呢？

赏析：

此词为抒写离情别绪的千古名篇，也是柳词和有宋一代婉约词的杰出代表。它是词人在仕途失意，不得不离开京都汴京南下时与一位恋人的惜别之作。

上片主要写饯行时难舍难分的惜别场面，抒发离情别绪。起首“寒蝉凄切，对长亭晚，骤雨初歇”三句写环境，点出别时的季节是萧瑟凄冷的秋天，地点是汴京城外的长亭，具体时间是雨后阴冷的黄昏。通过这些景物描写，融情入景，点染气氛，准确地将恋人分别时凄凉的心情反映了出来，为全词定下凄凉伤感的调子。“都门帐饮”是写离别的情形。在京城门外设帐宴饮，暗寓仕途失意，且又跟恋人分手。“无绪”，指理不出头绪，有“剪不断，理还乱”的意思，写出了不忍别离而又不能不别的思绪。“留恋处，兰舟催发”。正在难分难舍之际，船家又阵阵“催发”。透露了现实的无情和词人内心的痛苦。“执手相看泪眼，竟无语凝噎。”一对情人，紧紧握着手，泪眼相对，谁也说不出一句话来。这两句把彼此悲痛、眷恋而又无可奈何的心情，写得淋漓尽致，一对情人伤心失魄之状，跃然纸上。“念去去、千里烟波，暮霭沉沉楚天阔。”写别后思念的预想。这里的“念”字读去声，作为领格，上承“凝噎”而自然一转，下启“千里”以下而一气流贯。“去去”是越去越远的意思。而且一路上暮霭深沉、烟波千里，最后漂泊到广阔无边的南方。离愁之深，别恨之苦，溢于言表。

下片着重写想象中别后的凄楚情景。“多情自古伤离别”，自是人生哲理，古今亦然，但接着“更那堪冷落清秋节”一句，则强调自己比常人、古人承受的痛苦更多、更甚。“今宵酒醒何处？杨柳岸晓风残月。”这是写酒醒后的心境，也是他漂泊江湖的感受。这两句妙就妙在用景写情，真正做到“景语即情语”。“柳”“留”谐音，写难留的离情；晓风凄冷，写别后的寒心；残月破碎，写今后难圆之意。这几句景语，将离人凄楚惆怅、孤独忧伤的感情，表现得十分充分、真切，创造出一种特有的意境。再从今后长远设想：“此去经年，应是良辰好景虚设。便纵有千种风情，更与何人说？”这四句更深一层推想离别以后惨不成欢的境况。今后漫长的孤独日子怎么挨得过呢？纵有良辰好景，也等于虚设，因为再没有心爱的人与自己共赏；再退一步，即便对着美景，能产生一些感受，但又能向谁去诉说呢？这几句把词人的思念之情、伤感之意刻画到了细致入微、至尽至极的地步，也传达出彼此关切的心情。结句用问句形式，感情显得更强烈。

【词林撷翠】

雨霖铃·孜孜矻矻 ［宋］王安石

孜孜矻矻。向无明里、强作窠窟。浮名浮利何济，堪留恋处，轮回仓猝。幸有明空妙觉，可弹指超出。缘底事、抛了全潮，认一浮沤作瀛渤。

本源自性天真佛。只些些、妄想中埋没。贪他眼花阳艳，谁信道、本来无物。一旦茫然，终被阎罗老子相屈。便纵有、千种机筹，怎免伊唐突。

雨霖铃·槐阴添绿 ［宋］晁端礼

槐阴添绿。雨余花落，酒病相续。闲寻双杏凝伫，池塘暖、鸳鸯浴。却向窗昼卧，正春睡难足。叹好梦、一一无凭，帐掩金花坐凝目。

当时共赏移红烛。向花间、小饮杯盘促。蔷薇花下曾记，双凤带、索题诗曲。别后厌厌，应是香肌，瘦减罗幅。问燕子、不肯传情，甚入华堂宿。

雨霖铃·雪 ［宋］王庭珪

琼楼玉宇。满人寰似、海边洲渚。蓬莱又还水浅，鲸涛静见，银宫如许。紫极鸣筲声断，望霓舟何处。待夜深、重倚层霄，认得瑶池广寒路。

郢中旧曲谁能度。恨歌声、响入青云去。西湖近时绝唱，总不道、月梅盐絮。暗想当年宾从，毫端有惊人句。谩说枚叟邹生，共作《梁园赋》。

【雏凤清音】

雨霖铃·泛波轻舟 唐晓霞

泛波轻舟，沉醉西楼，泪洒霓裳，又是月影如霜。朦胧眼，独倚轩窗。浅吟低唱佳句，明月夜未央。回首处，前路似锦，东风陌上起残阳。

天涯寻听觅绿椅，旭霁处，知音满庭芳。金钗空归帝女，休听雨，垂眸潇湘。归程无期，莫自静赏庭燎火光。似是往昔胜今朝，泪落水泱泱。

参 考 文 献

[1] 王力. 诗词格律 [M]. 北京：中华书局，1977.

[2] 朱承平. 诗词格律教程 [M]. 广州：暨南大学出版社，1999.

[3] 刘镇干. 诗词格律大全 [M]. 大连：大连海运学院出版社，1987.

[4] 严建文. 词牌例释 [M]. 杭州：浙江古籍出版社，2012.

[5] 张海鸥. 诗词写作教程 [M]. 广州：中山大学出版社，2011.